아트&사이언스 리더십

ART & SCIENCE 리더십

윤수환 지음

1on1 / 실전코칭

리더십클라우드

우리에게 익숙한 이야기로 시작해볼까요?

나르시스라는 청년, 들어보셨나요? 그는 연못이 비친 자신의 모습에 매료되었습니다. 그렇게 자신의 아름다움에 빠져 헤어 나오지 못하다 결국 연못 속으로 사라졌습니다. 이 이야기를 단순한 신화로 치부하기 쉽지만, 사실 오늘날 리더들에게도 경고를 던집니다. 오늘날에도, 조직의 리더들 속에서도 여전히 나르시스는 존재합니다. 자신의 확신에 갇혀 다른 목소리를 듣지 못하는 리더는 조직을 벼랑 끝으로 몰고 갈 위험이 있습니다. 인간의 이러한 오만을 우리는 '휴브리스(hubris)'라고 부릅니다. 지나친 자기 확신은 결국 오만이 되고, 오만은 리더십의 가장 큰 적이 됩니다. 나르시스만의 문제가 아닙니다. 또 다른 이야기를 볼까요? 날개를 달고 하늘을 날았던 이카루스는 태양 가까이 날아가도 괜찮다고 믿었습니다. 그 자만심 때문에 결국 추락하고 말았습니다. 이 두 이야기의 공통점은 명확합니다. 자기 확신에 갇혀 주변을 보지 못하는 순간, 리더는 실패할 가능성이 높아진다는 것입니다.

그럼 리더는 어떻게 해야 할까요? 여기서 중요한 질문이 생깁니다. "오만을 경계하는 리더는 어떤 모습을 가지고 있을까?" 답은 간단합니다. 리더는 구성원들의 이야기를 들어야 합니다. 그들이 무엇을 생각하고, 무엇을 원하는지 알아야 합니다. 그러나 단순히 귀를 기울이는 것만으로는 충분하지 않습니다. 리더는 구성원의 생각과 마음을 이끌어내는 질문을 던져야 합니다.

좋은 의사는 충분한 진찰 후에 약을 처방합니다. 진찰이 부족하다면 잘못된 약이 환자를 더 아프게 만들 수도 있습니다. 의사는 먼저 환자가 어떤 증상을 겪고 있는지 깊이 이해하려고 노력합니다. 그들의 이야기를 듣고, 필요한 질문을 던져야만 정확한 진단과 처방이 가능합니다. 리더도 다르지 않습니다. 리더는 문제를 해결하기 전에 팀을 진찰해야 하고, 그 과정에서 중요한 질문들을 던져야 합니다. 좋은 리더는 좋은 의사와 같습니다.

질문은 단순히 정보를 얻는 도구가 아닙니다. 질문은 생각을 열게 만들고, 문제를 발견하게 하며, 솔루션으로 이끄는 열쇠입니다. 질문은 리더십의 핵심입니다. 생각해보세요. 팀원의 생각과 감정을 끌어내고, 그들의 잠재력을 깨우는 것이 리더의 역할이라면, 그 시작은 항상 올바른 질문에서 이루어져야 합니다.

차 례

1장 – 1on1

Chapter 1. 1on1 Solution

- 1on1 솔루션 주제……………………………………………………2
- 연간목표 달성정도 파악……………………………………………5
- 업무 진행 상황 및 어려움 지원요청………………………………7
- 경력 개발 및 성장 기회 탐색………………………………………9
- 강점과 개선점………………………………………………………11
- 업무 만족도…………………………………………………………13
- 협업 관련……………………………………………………………15
- 팀 내 관계 개선(갈등관리)…………………………………………17
- 워크&라이프 밸런스…………………………………………………19
- 스트레스 관리………………………………………………………21
- 리더십 스타일과 팀원 기대치 조율………………………………23
- 조직 문화와 팀 분위기 평가………………………………………25
- 향후 프로젝트나 업무 기회 논의…………………………………27

Chapter 2. 1on1 Detail

1) 업무 진행 상황과 성과

- 현재 진행 중인 프로젝트 상황 점검………………………………30
- 목표 달성 상황과 추가 지원 필요 여부……………………………32
- 최근 성과에 대한 피드백 및 칭찬…………………………………34
- 업무 효율을 높이기 위한 개선 방안………………………………36

2) 개인 목표와 경력 개발
- 개인의 중장기 목표와 현재 역할의 연관성 38
- 경력 개발에 필요한 경험과 스킬셋 41
- 본인의 강점과 개발이 필요한 부분 45
- 장기적인 경력 목표와의 Alignment 49

3) 도전 과제와 장애물
- 업무 중 발생하는 주요 장애물과 해결 방법 53
- 반복적으로 발생하는 문제와 그 원인 분석 56
- 업무 도중 겪는 스트레스 요인과 해결책 논의 62
- 외부 또는 내부 요인으로 인한 어려움 파악 67
- 타 팀과의 협업으로 인한 어려움 72

4) 동기 부여와 업무몰입
- 현재의 동기 상태와 업무에 대한 만족도 81
- 업무 몰입 86
- 직무만족도 높이기 91
- 일과 삶의 균형(work & life Balance) 관리 96

5) 역량 강화와 학습 기회
- 새로운 스킬이나 지식 습득에 대한 관심 분야 101
- 성장에 대한 자기인식 108
- 성장을 위한 추가적인 교육이나 훈련 필요 여부 112
- 프로젝트 참여 기회 117

6) 팀워크
- 행복한 조직문화 121
- 동료(선배&후배)와의 협업 127
- 동료(선배&후배)와의 관계 132

- 팀 내 불편함이나 개선사항 136
- 조직 적응을 힘들어 하는 팀원 141

2장 – 실전코칭

Chapter 1. 피드백

- 코칭의 정의 151
- 피드백 프로세스 152
- 피드백 5원칙 153
- 피드백을 할 때 구체적인 느낌을 주는 표현들은? 154
- 피드백을 할 때마다 유독 방어적인 입장을 취하는 팀원에게는 156
- 피드백을 할 때마다 유독 방어적인 팀원에게 '하면 안 되는 사실적이지 않은 언어 사례' 158
- 피드백을 할 때마다 유독 방어적인 팀원에게 '하면 안 되는 객관적이지 않은 언어 사례' 159
- 피드백을 할 때마다 유독 방어적인 팀원에게 '대화를 이끌어내는 적극적 경청&공감의 표현' 160
- 피드백을 할 때마다 유독 방어적인 팀원에게 '해결책을 제시해주는 좋은 표현' 161
- 피드백을 할 때마다 유독 방어적인 팀원에게 '개선에 대한 지속적인 관심&응원 표현' 162

Chapter 2. 질문

- 「목표설정」에 관한 질문들 164
- 「현실파악」에 관한 질문들 165
- 「대안탐색」에 관한 질문들 166
- 「실행의지」에 관한 질문들 167

Chapter 3. 경청
- 경청 ① 「제스처와 표정」...169
- 경청 ② 「명확히 하기」...170
- 경청 ② - 1 「명확히 하기」 예시요청..171
- 경청 ② - 2 「명확히 하기」 의도 파악..172
- 경청 ② - 3 「명확히 하기」 상대방 말의 의미 확인....................173
- 경청 ② - 4 「명확히 하기」 핵심내용 재확인................................174
- 경청 ② - 5 「명확히 하기」 상대방의 관점 확인 질문................175
- 경청 ② - 6 「명확히 하기」 상대방의 관점 재확인 표현............176

Chapter 4. 칭찬&인정
- 칭찬 & 인정 프로세스..178
- 성품을 알아주는 표현..179
- 칭찬사례...180

Chapter 5. 코칭 대화사례
- 자리를 자꾸 비우는 팀원과의 대화-Before 183
- 자리를 자꾸 비우는 팀원과의 대화-After......................................185
- 깊게 생각하지 않고 시키는 것만 하는 팀원과의 대화-Before...........187
- 깊게 생각하지 않고 시키는 것만 하는 팀원과의 대화-After..............189
- 갑자기 휴직하고 싶다는 팀원과의 대화-Before..........................191
- 갑자기 휴직하고 싶다는 팀원과의 대화-After.............................192
- 회사 사정상 팀원이 원하는 업무를 맡게 해주지 못하는 상황에서의 대화-After...194
- 승진 누락으로 고민을 토로하는 팀원과의 대화-Ater................196

1장 – 1on1

Chapter 1. 1on1 Solution
Chapter 2. 1on1 Detail

" 1on1 솔루션 주제 "

01. **연간목표 달성정도 파악**
    - 개인 목표 확인: 팀원과의 1:1 미팅에서 해당 팀원의 연간 개인 목표를 재확인하고, 현재까지의 진행 상황을 점검합니다.
    - 성과 및 도전 과제 논의: 팀원이 직면한 어려움이나 장애물을 공유하도록 격려하고, 이를 해결하기 위한 지원 방안을 함께 모색합니다.

02. **업무 진행 상황 및 어려움 지원요청**
    - 현재 맡고 있는 프로젝트의 진행 상황과 어려움을 공유하고, 논의합니다.
    - 현재 진행 중인 업무 현황 파악 / 어려움 확인 / 지원확인

03. **경력 개발 및 성장 기회 탐색**
    - 자신의 커리어 목표와 이를 달성하기 위한 개발 방향, 필요한 교육이나 훈련에 대해 이야기합니다.
    - 팀원의 장기적인 커리어 목표 이해
    - 필요한 스킬 개발 및 교육 기회 제공
    - 내부 이동 또는 승진 가능성 논의

04. **강점과 개선점**
    - 팀원의 강점과 개선점에 대해 이야기 나눕니다.
    - 팀원의 강점과 성과 인정
    - 개선이 필요한 영역에 대한 건설적인 피드백

05. 업무 만족도 및 동기 부여 요인 탐구
- 현재 업무에 대한 만족도와 동기 부여 요인, 그리고 개선이 필요한 부분에 대해 논의합니다.
- 현재 업무에 대한 만족도 평가
- 동기 부여 요인 및 저해 요인 식별
- 업무 환경 개선 방안 논의

06. 협업 관련
- 동료들과의 협업 상황, 팀 내 소통 방식에 대해 논의합니다.
- 협업정도 / 협업의 어려움.. 개선

07. 팀 내 관계 개선
- 동료들과의 관계 개선을 위한 방안에 대해 이야기합니다.
- 팀원 간 갈등 현황 및 문제점 파악
- 갈등 관리 및 해결 방안

08. 워크라이프 밸런스
- 업무와 개인 생활의 균형을 관리하기 위한 방법에 대해 논의
- 업무시간 관리, 유연근무제, 연차휴가 사용, 재충전활동 지원 등

09. 스트레스 관리
- 스트레스 원인 파악: 개인이 느끼는 주요 스트레스 요인을 공유하고, 그에 대한 이해를 높입니다.
- 대처 방법 개발: 효과적인 스트레스 관리 기법이나 리소스를 소개하고, 개인에게 맞는 대처 전략을 함께 개발합니다.

10. 리더십 스타일과 팀원 기대치 조율
- 리더의 관리 방식에 대한 팀원의 인식팀원

- 팀원이 선호하는 리더십 스타일 탐색
- 상호 기대치 조율을 통한 협력 강화

11. 조직 문화와 팀 분위기 평가
    - 현재 조직 문화에 대한 팀원의 생각
    - 팀 내 분위기와 사기 진작 방안
    - 포용성과 다양성 증진을 위한 노력

12. 향후 프로젝트나 업무 기회 논의
    - 개인 및 팀의 발전을 위한 액션 플랜 수립
    - 다음 1:1 미팅까지의 목표 설정

연간목표 달성정도 파악

[오프닝]

"오늘 1:1 미팅에서는 올해 설정하신 목표들의 진행 상황을 함께 점검하고자 합니다. 이를 통해 순조롭게 진행되는 부분과 추가적인 지원이 필요한 부분을 파악하여, 목표 달성에 최선을 다할 수 있도록 지원하려 합니다. 괜찮으실까요?"

01. 올해 설정하신 주요 목표들은 무엇인가요?
02. 현재까지 순조롭게 진행되고 있는 목표는 어떤 것들이 있나요?
03. 그 목표들이 잘 진행되고 있는 구체적인 이유나 방법을 공유해 주실 수 있나요?
04. 잘 진행되고 있는 목표들 중에서 앞으로 주의해야 할 부분이 있을까요?
05. 그러한 부분들에 대해 어떻게 대비하고 계신가요?
06. 현재 진행이 미흡하거나 어려움을 겪고 있는 목표는 무엇인가요?
07. 그 구체적인 상황이나 원인에 대해 자세히 말씀해 주실 수 있나요?
08. 해당 어려움의 원인은 무엇이라고 생각하시나요?
09. 그렇다면, 이러한 어려움을 극복하기 위해 '이렇게 해 보면 어떨까?' 생각하고 계시는 방법이 있다면?
10. 그 대안을 효과적으로 실행하기 위해 필요한 지원이나 자원이 있다면 무엇인가요?
11. 제가 도와드릴 수 있는 부분이 있을까요?
12. 목표를 명확하게 파악하고 계셔서 매우 든든합니다.

[기타질문]

- 남은 기간 동안 목표 달성을 위해 어떤 전략이나 계획을 수정하거나 보완할 필요가 있을까요?
- 현재 목표를 달성하기 위해 우선적으로 집중해야 할 영역은 무엇이라고 생각하시나요?

[클로징]

"오늘 연간 목표 달성 현황에 대해 심도 있게 논의할 수 있어 유익했습니다. 김책임님께서는 목표를 세우고 이를 달성하기 위한 구체적인 계획을 명확하게 수립하시는 모습이 인상적입니다. 앞으로도 이러한 점검을 통해 목표 달성에 차질이 없도록 지원하겠습니다. 추가로 필요한 지원이나 제안 사항이 있으시면 언제든지 말씀해 주세요."

업무 진행 상황 및 어려움 지원요청

[오프닝]

"오늘 1on1에서는 현재 진행 중인 업무 상황을 공유하고, 혹시 겪고 계신 어려움이나 추가적인 지원이 필요한 부분이 있는지 함께 논의하고자 합니다. 이를 통해 업무 효율을 높이고 원활한 진행을 도모하려 합니다."

01. 현재 맡고 계시는 그 업무 어떠신가요?
02. 잘 되고 있는 부분은 무엇인가요?
03. 어려운 부분은 어떤 부분이 어려운가요?
04. 그 어려움을 극복하기 위한 방법들을 고민해 본다면 어떤 게 있을까요?
05. 동료나 다른 팀에서는 이와 유사한 문제를 어떻게 해결하나요?
06. 만약 다른 사람이 이 상황에 처했다면, 어떻게 조언해주고 싶으세요?
07. 누구의 도움을 받으면 이 어려움을 해결하는데 도움이 될까요?
08. 현재 상황에서 새로운 시도를 해 볼 수 있는 방법이 있다면?
09. 지금 몇 가지를 말씀해주셨는데, 각 대안의 장단점은 무엇인가요?
10. 그렇다면 어떤 방법이 가장 현실적이고 효과적일까요?
11. 구체적으로 어떤 단계를 밟아야 하나요?
12. 그 방법을 실행하는데 제가 도와드려야 할 것이 있다면 무엇인가요?
13. 진행상황을 어떻게 모니터링하고 피드백 받으면 좋을까요?

[클로징]

"오늘 업무 진행 상황과 어려움에 대해 공유해 주셔서 감사합니다. 어려운 상황에서도 묵묵히 자신의 역할을 충실히 수행하시는 김책임님의 헌신과 노고에 깊이 감사드립니다. 말씀해 주신 지원이 필요한 부분에 대해 적극적으로 도와드리겠습니다. 추가로 떠오르는 사항이나 도움이 필요하신 점이 있으시면 언제든지 말씀해 주세요."

경력 개발 및 성장 기회 탐색

[오프닝]

"오늘 1on1에서는 김책임님의 경력 개발에 대해 함께 논의하고자 합니다. 현재의 역할에서 만족스러운 부분과 어떤 방향으로 성장하고 싶은지를 이야기 나누고, 향후 성장과 목표 달성에 필요한 지원을 제공하는 것에 초점을 맞출까 하는데 괜찮으실까요?"

01. 현재 맡고 있는 업무에 대해 어떻게 느끼시나요?
02. 최근에 특히 보람을 느꼈던 순간이나 도전적이었던 과제가 있으셨나요?
03. 앞으로 3년 또는 5년 후에 어떤 역할이나 위치에서 일하고 싶으신가요?
04. 그 목표를 달성하기 위해 어떤 기술이나 경험이 필요하다고 생각하시나요?
05. 어떤 교육 프로그램이나 훈련이 도움이 될 것 같으신가요?
06. 참여하여 경험을 쌓고 싶은 특정 프로젝트나 업무가 있으실까요?
07. 앞으로 6개월 또는 1년 이내에 경력개발 관련하여 어떤 구체적인 목표를 설정하면 좋을까요?
08. 그 목표를 달성하기 위한 구체적인 계획은?
09. 진행상황 점검은 어떻게 하면 좋을까요?
10. 제가 지원해 드릴 수 있는 것이 있을까요?

[기타질문]

- 경력개발 관련해서 가장 고민하고 계신 부분은 무엇인가요?
- 추가로 개발하거나 강화하고 싶은 역량이 있으신가요?
- 목표를 이루기 위해 올해 안에 실천할 수 있는 첫 번째 단계는 무엇인가요?
- 내부에서 도울 수 있는 프로젝트나 업무 기회가 있다면 어떤 것이 가장 유익할까요?

[클로징]

"오늘 경력 개발에 대한 깊이 있는 대화를 나눌 수 있어 매우 유익했습니다. 김 책임님께서 멀리 내다보고, 일 하고, 계획 세우시는 모습이 인상적입니다. 말씀해 주신 내용을 바탕으로 필요한 지원을 아끼지 않겠습니다. 추가로 떠오르는 아이디어나 필요한 사항이 있으시면 언제든지 말씀해 주세요."

강점과 개선점

[오프닝]

"오늘 1on1에서는 김책임님의 업무에서의 강점과 개선할 수 있는 부분에 대해 함께 논의하고자 합니다. 이를 통해 김책임님의 성장을 지원하고, 더욱 효과적으로 협력할 수 있는 방안을 모색해 볼까 합니다. 괜찮으실까요?"

01. 제가 최근에, 이걸 보고, 책임님은 참 계획적이다는 느낌을 받았어요!
02. 본인이 생각하는 자신의 강점은 무엇이라고 생각하시나요?
03. 그 강점이 발휘되었던 순간이 있었다면?
04. 또 어떤 강점이 있었나요?
05. 팀동료들은 책임님에게 어떤 강점이 있다고 생각하나요?
06. 이러한 강점들을 어떻게 업무에 더욱 활용할 수 있을까요?
07. 어떤 업무나 과제에서 책임님의 강점을 더 발휘할 수 있을까요?
08. 현재 업무에서 어려움을 느끼는 부분이 있으신가요?
09. 구체적으로 들어볼 수 있을까요?
10. 동료나 고객으로부터 받은 피드백 중에 개선이 필요하다고 느낀 점이있나요?
11. 어떤 스킬이나 지식을 추가로 개발하고 싶으신가요?
12. 이러한 개선을 위해 어떤 지원이나 자원이 필요하다고 생각하시나요?
13. 제가 관찰한 것을 말씀드려도 될까요?
14. 제가 관찰한 바로는, [이런 예시로 보아] 이 부분에서는 개선의 여지가 있다고

느꼈습니다. 제 얘기 들어보니 어떠세요?
15. 잘 받아주셔서 감사합니다. 수용력이 좋으세요!
16. 어떻게 개선해 보고 싶으세요?
17. 좋네요! 거기에 이렇게(구체적으로 알려줄 것)도 해보시면 도움이 될 것 같습니다. 어떠세요?
18. 역시 책임님은 누군가 말하면 바로 받아들이시는 열린 분이시네요!

[기타질문]
- 현재 맡고 있는 프로젝트 중에서 어떤 부분에서 이러한 강점을 활용하고 계신가요?
- 이 강점을 통해 최근에 해결한 문제나 개선한 프로세스가 있다면 공유해 주시겠어요?

[클로징]
"오늘 나눈 대화를 통해 김책임님의 강점을 더욱 잘 이해하게 되었고, 또 제가 드린 피드백도 흔쾌히 받아들이시니 지금도 잘 하고 계시는데, 앞으로 더 얼마나 잘 하실지 기대가 됩니다. 이러한 논의를 바탕으로 함께 성장해 나갈 수 있을 것이라 확신합니다. 추가로 떠오르는 생각이나 필요한 지원이 있으시면 언제든지 말씀해 주세요."

업무 만족도

[오프닝]

"오늘 1on1에서는 김책임님의 업무 만족도에 대해 함께 이야기해 보려고 합니다. 현재 업무에서 만족스러운 부분과 개선이 필요한 부분에 대해서 이야기 나누고, 더욱 만족스러운 업무 환경을 조성하고자 하는데 괜찮으실까요?"

01. 최근에 업무 수행하면서 즐거웠던 순간이 있었다면 어떤 순간인가요??
02. 또 있을까요?
03. 아! **과 관련한 업무를 하실 때에 즐거우시군요?
04. 최근에 업무수행하면서 어려운 순간이 있으시다면 언제인가요?
05. 전체적인 업무만족도를 1~10으로 구분해 본다면 몇 점인가요?
06. 6점이군요? 구체적으로 들어볼 수 있을까요?
07. 6점을 8~9점으로 올리기 위해 개선되면 좋겠다 싶은 게 있을까요?
08. 업무 만족도를 높이기 위해 추가로 또 다른 것들이 있을까요?
09. 8~9점이 되기 위해 스스로가 변화되어야 하는 것이 있다면 무엇일까요?
10. 좋네요! 이렇게 스스로 해결책을 찾아내시는 주도적인 분이세요!
11. 제가 도와드려야 할 것이 있을까요?
12. 업무 만족도 향상을 위해 필요한 지원이 있으실까요?
13. 그러니까 제가 신경써야 할 것들은 이것들이고, 책임님이 신경쓰셔야 하는 것들은 이것들이라는 거네요!

14. 말씀해주신 것들 중에, 제가 신경써야 될 것들, 책임님이 신경쓰셔야 할 것들 시도해 보고, 이 이슈에 관련되어서 또 언제 1on1을 하면 좋을까요?
15. 좋습니다. 그 때엔 무엇을 시도했고, 어느 정도 진척되었는지에 대해서 이야기 나누어 보시죠!

[기타질문]
- 현재 업무에서 가장 만족스러운 부분은 무엇인가요?
- 어떤 부분이 개선되면 업무가 더 즐거워질 것 같으신가요?
- 최근 업무 중에서 가장 보람을 느낀 순간은 언제였나요?
- 당신을 가장 열정적으로 만드는 업무는 무엇인가요?
- 다음 주나 다음 달에 어떤 변화를 기대하시나요?

[클로징]
"오늘 업무 만족도에 대한 소중한 의견을 나눠 주셔서 감사합니다. 김책임님의 피드백을 바탕으로 업무 환경을 개선하고 지원을 아끼지 않겠습니다. 추가로 떠오르는 생각이나 필요한 사항이 있으시면 언제든지 말씀해 주세요."

협업 관련

[오프닝]

"오늘 1on1에서는 김책임님께서 다른 팀원들과의 협업 경험에 대해 이야기해 보려고 합니다. 협업 과정에서 긍정적인 부분과 개선이 필요한 부분을 공유하면서, 팀의 효율성과 업무 만족도를 높이여보고자 하는데 어떠신가요?"

01. 최근에 동료들과 함께 진행한 프로젝트나 업무 중에서 특히 기억에 남는 경험이 있으신가요?
02. 그 협업에서 어떤 부분이 가장 만족스러웠나요?
03. 성공적인 협업을 이끌어낸 요인은 무엇이었나요?
04. 동료들과의 협업에서 본인이 발휘한 강점은 무엇이라고 생각하시나요?
05. 협업 과정에서 어려움을 겪었던 부분이 있으셨나요?
06. 그러한 어려움을 어떻게 극복하셨나요?
07. 현재 팀의 협업 방식에 대해 어떻게 느끼시나요?
08. 개선되었으면 하는 부분이나 추가되었으면 하는 프로세스가 있으신가요?
09. 앞으로의 프로젝트에서 협업을 더욱 강화하기 위해 스스로 '이렇게 해 보면 좋겠다' 하는 것이 있을까요? 또 다른 것이 있다면?
10. 좋네요! 동료들과의 협업을 위해 이것, 이것을 해 보겠다는 말씀이신거죠?
11. 효과적인 협업을 위해 추가로 필요한 자원이나 지원이 있으신가요?
12. 제가 도와드릴 수 있는 부분이 있다면 무엇인가요?

[클로징]

"협업에 대한 귀중한 의견을 공유해 주셔서 감사합니다. 김책임님께서 원활한 협업을 위해 노력하시는 모습이 팀에 큰 도움이 되고 있습니다. 말씀해 주신 내용을 바탕으로 협업 환경을 더욱 개선해 나가겠습니다. 추가로 떠오르는 성각이나 필요한 지원이 있으시면 언제든지 말씀해 주세요."

팀원 관계 개선(갈등관리)

[오프닝]

"오늘 미팅에서는 김책임님께서 다른 팀원과 겪고 계신 상황에 대해 이야기해 보려고 합니다. 솔직하게 경험과 생각을 공유하면서, 해결방안을 모색하고, 다른 팀원들과의 관계 개선에 중점을 두고자 하는데 괜찮으실까요?"

01. 팀원들과의 관계는 어떠세요?
02. 특히 관계가 좋은 동료는 누구인가요? 그 이유는 무엇인가요?
03. 아! 그 팀원의 이런 부분 때문이군요?
04. 관계가 좀 어려운 동료는 누구인가요?
05. 그 원인은 무엇인가요?
06. 그 동료의 '이런 부분은 참 좋다' 하는 것이 있다면?
07. 역시, 늘 좋은 것을 찾아내는 긍정적인 분이세요!
08. 모든 것이 가능하다면, 그 팀원과 어떤 관계이고 싶으세요?
09. 그런 관계가 되기 위해, 책임님이 '이런 걸 개선하면 좀 낫지 않을까?' 하는 것이 있을까요?
10. 좋네요! 또 다른 하나가 있다면요?
11. 둘 중에 어떤 것이 더 효과적일까요? 언제 해 보고 싶으세요?
12. 사실 관계라는 것이 쉽지 않은데, 이렇게 자기 안에서 해결책을 찾아내시는 것을 보면 주도적인 분이세요! 그게 우리 팀에 큰 도움이 됩니다. 감사합니다.

[클로징]

"오늘 갈등 상황에 대해 깊이 있게 논의해 주셔서 감사합니다. 어려운 상황에서도 협력적인 자세를 유지하려는 김책임님의 노력에 감사를 표합니다. 말씀해 주신 내용을 바탕으로 갈등 해결을 위해 적극 지원하겠습니다. 추가로 필요한 지원이나 제안 사항이 있으시면 언제든지 말씀해 주세요."

워크&라이프 밸런스

[오프닝]

"오늘 미팅에서는 김책임님의 일과 삶의 균형에 대해 함께 이야기해 보려고 합니다. 현재 업무와 개인 생활 간의 조화로운 균형을 유지하고 계신지, 혹시 어려움이나 개선이 필요한 부분이 있는지 이야기 나누면서, 만족스러운 업무 환경을 조성하고자 하는데 괜찮으실까요?"

01. 현재 일과 삶의 균형에 대해 어떻게 느끼시나요?
02. OO님이 생각하시는 '일과 삶의 균형'은 어떤 모습인가요?
03. 1~10점으로 한다면?
04. 지금은 어떤 모습인가요?
05. 어떤 부분이 일과 삶의 균형을 가장 방해하고 있나요?
06. 일과 삶의 균형을 위해 어떤 변화가 필요한가요?
07. 그것을 위해 어떤 시도를 해야 하나요?
08. 내일 당장, 혹은 이번 주에 시도해야 할 것은 무엇인가요?
09. 어떤 어려움이 예상되세요?
10. 그건 어떻게 하면 좋을까요?
11. 제가 도와드려야 할 것은 무엇인가요?

[기타질문]
- 업무량이 적절하다고 느끼시나요, 아니면 과도하다고 느끼시나요?
- 일주일에 이틀이라도 정시퇴근을 하기 위해서는 어떤 변화가 필요한가요?
- 퇴근 후나 주말에는 어떤 활동을 주로 하시나요?
- 개인 시간 활용에 만족하고 계신가요?
- 앞으로 일과 개인 생활의 균형을 유지하기 위해 어떤 계획이나 목표를 세우고 싶으신가요?
- 이를 달성하기 위해 추가로 필요한 자원이나 지원이 있으신가요?

[클로징]
"오늘 일과 삶의 균형에 대한 소중한 의견을 나눠 주셔서 감사합니다. 김책임님께서 바쁘신 와중에도 일을 위해 헌신해주셔서 감사합니다. 그래도 업무와 개인 생활의 균형을 잊지 않는 모습을 기대합니다. 저도 말씀해 주신 내용을 바탕으로 필요한 지원을 아끼지 않겠습니다. 추가로 떠오르는 생각이나 필요한 사항이 있으시면 언제든지 말씀해 주세요."

스트레스 관리

[오프닝]

"오늘 1on1에서는 스트레스 관리에 대해 함께 이야기해 보려고 합니다. 스트레스는 신체적, 정신적 건강에 부정적인 영향을 미칠 수 있어서, 업무 집중도 잘 안되고, 개인적으로도 삶이 힘들어지니까, 효과적인 관리가 중요합니다. 현재 겪고 계신 스트레스 요인과 이를 어떻게 관리하고 계신지 이야기 나누면서, 더욱 건강하고 만족스러운 삶을 만들어가는 시간이면 좋겠습니다. 괜찮으실까요?"

01. 최근에 가장 행복했던 때는 언제인가요?
02. 그러면 최근 업무나 개인 생활에서 스트레스를 느끼신 때는 언제인가요?
03. 스트레스를 느끼는 빈도나 정도는 어떠신가요?
04. 현재 가장 큰 스트레스 요인은 무엇이라고 생각하시나요?
05. 어떤 상황이나 업무가 스트레스를 유발한다고 느끼시나요?
06. 스트레스가 업무 수행이나 개인 생활에 어떤 영향을 미치고 있나요?
07. 현재 스트레스를 관리하기 위해 어떤 방법을 사용하고 계신가요?
08. 그 방법들이 효과적이라고 느끼시나요?
09. 스트레스 요인을 줄이기 위해 업무 환경이나 프로세스에서 개선이 필요한 부분이 있을까요?
10. 제가 팀장으로서 도와드릴 수 있는 부분이 있을까요?

[클로징]

"오늘 스트레스 관리에 대해 깊이 있게 이야기 나눌 수 있어 유익했습니다. 어려운 상황에서도 묵묵히 최선을 다해 주시는 김책임님의 헌신에 진심으로 감사드립니다. 말씀해 주신 내용을 바탕으로 스트레스 관리에 필요한 지원을 아끼지 않겠습니다. 추가로 떠오르는 생각이나 필요한 사항이 있으시면 언제든지 말씀해 주세요."

리더십 스타일과 팀원 기대치 조율

[오프닝]

"오늘 1on1에서는 저의 리더십 스타일에 대해 이야기 해 보고자 합니다. 제가 잘 하고 있는지, 어떤 부분에서 개선이 필요한지에 대해서 이야기 나누고, 피드백 주시면 더 나은 리더가 될 수 있을 것 같습니다. 저는 팀원들이 신뢰하는 리더가 되고 싶거든요! '리더십 스타일'을 주제로 이야기 나누어도 괜찮으실까요?

01. 최근에 제가 팀을 이끌면서 기억에 남는 긍정적인 경험이나 사례가 있으신가요?
02. 반대로, 제 리더십으로 인해 어려움을 겪었던 상황이 있었다면 공유해 주시겠어요?
03. 제 리더십 스타일에 대해 어떻게 느끼시나요?
04. 제 리더십 방식 중에서 특히 도움이 되거나 효과적이라고 생각하는 부분이 있으신가요?
05. 제 리더십 스타일 중에서 개선되었으면 하는 부분이 있으신가요?
06. 어떤 상황에서 제 리더십 방식이 팀원들에게 어려움을 주었다고 느끼신 적이 있으신가요?
07. 어떤 리더십 스타일이 팀원들의 동기 부여나 업무 효율성에 가장 도움이 된다고 생각하시나요?
08. 팀장으로서 제가 어떤 방식으로 지원하면 업무 수행에 더 큰 도움이 될까요?

09. 앞으로 제 리더십 스타일을 어떻게 조정하면 팀의 성과나 분위기에 긍정적인 영향을 미칠 수 있을까요?
10. 팀원들의 기대에 부합하기 위해 제가 구체적으로 어떤 노력을 하면 좋을까요?

[클로징]

"오늘 공유해 주신 피드백에 진심으로 감사드립니다. 말씀해 주신 내용을 바탕으로 제 리더십 스타일을 더욱 발전시켜 나가겠습니다. 앞으로도 언제든지 추가적인 의견이나 제안이 있으시면 편하게 말씀해 주세요."

"소중한 의견을 나눠 주셔서 감사합니다. 팀원들의 기대에 부응하는 리더가 되기 위해 지속적으로 노력하겠습니다. 함께 더 나은 팀을 만들어 나가길 기대합니다."

조직 문화와 팀 분위기 평가

[오프닝]

"오늘 1:1 에서는 팀 문화에 대해 함께 논의하고자 합니다. 팀 문화는 구성원들이 어떻게 생각하고 행동하며 상호작용하는지를 결정짓는 것이어서, 팀의 성과와 만족도에 큰 영향을 미칩니다. 김책임님의 경험과 의견을 나누어 주시면, 더욱 건강하고 협력적인 팀 문화를 구축하는 데 큰 도움이 될 것 같습니다. 괜찮으실까요?"

01. 우리 팀의 문화에 대해 어떻게 느끼시나요?
02. 팀문화가 업무 수행이나 팀워크에 어떤 영향을 미친다고 생각하시나요?
03. 현재 팀문화에서 특히 긍정적으로 느끼는 부분은 무엇인가요?
04. 반대로, 개선이 필요하다고 생각되는 부분이 있으신가요?
05. 팀문화와 관련하여 기억에 남는 경험이나 사례가 있으신가요?
06. 그 경험이 업무나 팀 내 관계에 어떤 영향을 미쳤나요?
07. 팀문화를 더욱 긍정적으로 발전시키기 위해 어떤 변화나 노력이 필요하다고 생각하시나요?
08. 팀 차원에서 시도해 볼 만한 아이디어가 있다면 무엇인가요?
09. 제가 팀장으로서 팀문화 개선을 위해 어떤 지원을 해드리면 좋을까요?

[클로징]

"오늘 팀문화에 대한 귀중한 의견을 공유해 주셔서 감사합니다. 말씀해 주신 내용을 바탕으로 더욱 긍정적인 팀문화를 만들어 나가겠습니다. 앞으로도 언제든지 추가적인 생각이나 제안이 있으시면 편하게 말씀해 주세요."

"소중한 피드백을 주셔서 감사합니다. 함께 노력하여 모두가 만족할 수 있는 팀문화를 형성해 나가길 기대합니다. 지속적인 소통을 통해 더 나은 환경을 만들어 나갑시다."

향후 프로젝트나 업무 기회 논의

[오프닝]

"오늘 1:1 에서는 김책임님께서 앞으로 맡고 싶으신 프로젝트나 업무 기회에 대해 논의하고자 합니다. 이를 통해 김책임님의 관심사와 목표를 이해하고, 적합한 기회를 제공하여 경력 개발을 지원하고자 합니다."

01. 현재 맡고 계신 업무에 대해 어떻게 느끼시나요?
02. 특히 관심을 갖고 있거나 더 깊이 있게 참여하고 싶은 분야가 있으신가요?
03. 앞으로 어떤 프로젝트나 업무에 참여해 보고 싶으신가요? (현재 팀 내 또는 회사 전체에서 참여해 보고 싶은 특정 프로젝트나 역할이 있으신가요?)
04. 그걸 통해서 어떤 성장을 이루고 싶으신가요?
05. 장기적으로 어떤 커리어 목표를 가지고 계신가요?
06. 희망하시는 프로젝트에 참여하기 위해 추가로 개발하고자 하는 스킬이나 지식이 있다면 무엇인가요?
07. 지금 현재는 어떤 수준이신가요?
08. 어떤 수준이 되어야 그 프로젝트를 맡았을 때에 충분히 기여할 수 있나요?
09. 새로운 프로젝트나 업무 기회를 얻기 위해 제가 도와드릴 수 있는 부분이 있을까요?(회사가 제공하는 교육 프로그램 중 관심 있는 것이 있으신가요?)
10. 논의한 내용을 바탕으로 다음 단계로 어떤 계획을 세우고 싶으신가요?

[클로징]

"오늘 말씀해 주신 목표와 관심 분야를 잘 이해했습니다. 이를 토대로 적합한 프로젝트나 업무 기회를 모색하겠습니다. 추가로 떠오르는 아이디어나 필요한 지원이 있으시면 언제든지 알려주세요."

"함께 논의한 내용을 바탕으로 앞으로 수환님의 성장을 위한 업무 기회를 적극적으로 지원하겠습니다. 지속적인 소통을 통해 최적의 방향으로 나아가길 기대합니다."

1장 – 1on1

Chapter 1. 1on1 Solution
Chapter 2. 1on1 Detail

1) 업무 진행 상황과 성과
「현재 진행중인 프로젝트 상황점검」

01. 프로젝트의 주요 목표를 재확인하는 질문
- 이 프로젝트에서 최종적으로 달성하고자 하는 목표가 무엇인가요?
- 이번 프로젝트를 통해 구체적으로 어떤 결과를 얻고 싶으신가요?
- 프로젝트의 성공을 정의한다면 어떤 모습일까요?

02. 팀원 개인의 목표나 기대 설정
- 이 프로젝트를 통해 스스로 얻고 싶은 것은 무엇인가요?
- 이번 프로젝트에서 특히 집중하고 싶은 부분이 있다면 무엇인가요?

03. 현재 진행 상황과 성과 확인
- 지금까지 진행된 부분 중에서 잘 이루어졌다고 생각하는 부분은 어떤 것이 있나요?
- 현재 프로젝트 진행 상황은 목표와 비교했을 때 어느 정도 달성되었나요?
- 프로젝트 목표를 달성하는 데 있어 예상치 못한 상황이나 변화가 있었나요?

04. 현재 상태의 장단점 파악
- 현재 진행 속도나 방향에 대해 어떻게 느끼시나요?
- 지금까지 진행된 업무 중 도움이 된 점이나 한계가 있었나요?

05. 장애물 확인 및 극복 방법 탐색
- 프로젝트 진행 중 어려움을 겪고 있는 부분이 있다면 어떤 점인가요?
- 이 장애물을 극복하기 위해 어떤 대안을 생각해 보셨나요?
- 비슷한 상황을 해결했던 경험이 있다면, 어떤 방법이 효과적이었나요?

06. 프로젝트를 더 효과적으로 진행할 수 있는 방법 모색
- 현재 진행 방식을 조금 수정한다면, 어떤 부분에서 더 효율적으로 할 수 있을까요?
- 다른 팀원이나 부서의 지원이 필요하다고 느끼는 부분이 있나요?
- 새로운 아이디어나 접근 방식을 추가해 볼 수 있는 여지가 있을까요?

07. 구체적인 다음 단계 설정
- 앞으로의 한 주 동안 이 프로젝트에서 가장 집중하고 싶은 부분은 무엇인가요?
- 이번 1on1 미팅 후 실행해보고 싶은 구체적인 행동 계획은 무엇인가요?
- 이 목표를 달성하기 위해 이번 주 내로 실천할 수 있는 첫 번째 단계는 무엇인가요?

08. 의지와 지원 요청 확인
- 이 목표를 달성하는 데 필요한 지원이나 추가적인 자원이 있다면 알려주세요.
- 앞으로의 계획에 대해 스스로 얼마나 확신을 가지고 계신가요?
- 다음 미팅 전까지 어떤 성과를 기대하실 수 있을까요?

1) 업무 진행 상황과 성과
「목표 달성 상황과 추가 지원 필요 여부」

01. 프로젝트 또는 과제의 목표 확인
- 이 목표를 통해 궁극적으로 달성하고자 하는 바가 무엇인가요?
- 이번 목표가 팀과 회사의 큰 그림에 어떻게 기여한다고 생각하시나요?
- 현재 목표를 달성함으로써 얻고 싶은 성과는 무엇인가요?

02. 목표 달성의 우선순위 확인
- 이 목표가 다른 업무와 비교했을 때 우선순위가 어떻게 설정되어 있나요?
- 이 목표를 달성하기 위해 가장 집중해야 하는 핵심 요소는 무엇인가요?

03. 현재 목표 달성 상태 확인
- 현재 목표에 얼마나 도달했다고 느끼시나요?
- 목표 진행 상황에서 어려움을 겪고 있는 부분은 무엇인가요?
- 현재 성과와 목표의 차이를 느낀다면 어떤 부분에서 그런가요?

04. 현실적인 장애물 확인
- 목표 달성에 방해가 되는 요인이 있다면 어떤 것들이 있나요?
- 이 업무를 진행하면서 예상치 못하게 발생한 문제가 있나요?
- 목표에 맞추어 진행하고 있는 부분과 미흡한 부분을 구체적으로 나누어 보자면 어떤 것들이 있을까요?

05. 필요한 추가 지원 사항 탐색
- 목표 달성을 더 수월하게 하기 위해 필요한 지원이 있다면 어떤 것이 있을까요?

- 이 업무를 수행하면서 외부의 도움이 있었다면 더 효과적이었을 같은 부분이 있나요?
- 업무 환경이나 리소스 측면에서 더 보완되었으면 하는 점이 있을까요?

06. 자원 및 지원 옵션 논의
- 이 업무에서 성과를 더 내기 위해 협업할 부서나 사람은 누구 인가요?
- 필요한 지원이 구체적으로 어떤 형태(예: 추가 자료, 시간 조정, 인력지원)로 제공되면 도움이 될까요?
- 성과를 극대화하기 위해 추가적인 자원이 필요하다고 생각하시나요?

07. 구체적인 실행 계획 설정
- 이 목표 달성을 위해 당장 실행할 수 있는 다음 단계는 무엇인가요?
- 다음 1주일 동안 이 목표를 위해 어떤 부분에 집중해 보실 계획인가요?
- 이번 1on1 미팅 후 즉시 실행할 수 있는 첫 번째 단계는 무엇인가요?

08. 추가 지원 요청과 실행 의지 확인
- 목표를 달성하기 위해 제가 추가로 도울 부분이 있다면 어떤 것이 있을까요?
- 이 목표를 향해 나아가는 과정에서 어려움을 겪을 때 필요한 지원은 무엇이라고 생각하시나요?
- 다음 미팅까지 목표에 더 근접하기 위해 어떤 성과를 보여주고 싶으신가요?

1) 업무 진행 상황과 성과
「최근 성과에 대한 피드백 및 칭찬」

01. 구체적인 성과를 언급하며 칭찬

[성과 인정과 구체적인 칭찬]

- 이번 프로젝트에서 보여주신 성과가 아주 인상 깊었어요. 특히, [구체적 성과나 행동] 부분이 돋보였어요.
- "최근에 완수하신 업무가 팀에 큰 도움이 되었어요. [구체적 성과] 부분에서 보여준 [능력/자질]이 정말 뛰어났어요."
- "이 일을 처리하면서 보여주신 [문제 해결 능력, 책임감 등] 덕분에 목표를 더 빨리 달성할 수 있었어요."

[칭찬을 통한 동기 부여]

- 이번 성과는 단지 숫자 이상의 의미가 있었어요. 이런 성과 덕분에 팀 분위기가 훨씬 좋아졌어요.
- 이 성과가 바로 [팀원 이름]님이 얼마나 중요한 역할을 하고 계신지 보여주는 좋은 예라고 생각해요.

02. 강점을 강화하는 피드백

[구체적 성과에 대한 피드백 제공]

- 이번에 보여주신 강점을 다른 프로젝트에서도 발휘하신다면 더 큰 성과를 낼 수 있을 것 같아요.
- 이 능력을 강화하기 위해 추가로 시도해 볼 수 있는 부분이 있다면 좋을 것 같아요. 혹시 생각해 보신 것이 있나요?

03. 성장과 개선을 위한 피드백

[발전 가능성을 제시하는 긍정적인 피드백]

- 지금도 훌륭하지만, 이 부분에서 조금 더 발전하면 더욱 좋을 것 같아요.
- 이번 성과를 보면서 다음에는 이런 방법도 함께 시도해 보면 어떨까요?
- 이 성과를 통해 더욱 성장할 수 있는 부분이 있는 것 같아요. 더 도전해 보고 싶은 점이 있다면 언제든 말씀해 주세요.

[향후 목표와 연결되는 피드백]

- 앞으로도 이 성과를 기반으로 더 큰 목표를 이룰 수 있을 것 같아요. 다음 프로젝트에서 추가로 해보고 싶은 점이 있을까요?
- 이번 성과를 바탕으로 다음에는 어떤 부분에서 더 발전해 보고 싶으신가요?

04. 셀프 피드백과 성과 내재화

[셀프피드백 하게 하는 질문]

- 이번 성과를 내시면서 스스로 잘했다고 느끼신 부분은 무엇인가요?
- 이번 성과를 통해 본인이 얻은 배움이나 교훈이 있다면 어떤 것이 있을까요?
- 이번에 이뤄낸 성과 중 앞으로도 강화해 보고 싶은 점이 있으신가요?

[향후 성과 내재화를 위한 질문]

- 이번 경험을 바탕으로 앞으로의 업무에 어떤 점을 더 적용해 보고 싶으세요?
- 이 성과를 통해 자신감을 얻은 부분이나, 더 해보고 싶은 것이 있으신가요?

1) 업무 진행 상황과 성과
「업무 효율을 높이기 위한 개선 방안」

01. 개선의 목표 확인
- 이번 1on1에서 구체적으로 어떤 부분의 업무 효율을 높이고 싶으세요?
- 업무 효율을 높이기 위해 이번 1on1에서 설정하고 싶은 구체적인 목표는?
- 이 업무의 어떤 부분에서 특히 더 효율적이고 생산적으로 일하고 싶으신가요?
- 업무효율을 높이는데 있어서 가장 먼저 개선하고 싶은 부분은 무엇인가요?
- 업무효율성 측면에서 어떤 변화를 이끌어 내고 싶으세요?

02. 효율을 높임으로써 얻고 싶은 결과
- 업무 효율을 높임으로써 어떤 결과가 나오길 기대하시나요?
- 이 개선을 통해 일의 어떤 측면이 더 나아지길 바라시나요?
- 이 목표가 달성되면 업무환경이나 결과에 어떤 효과가 있나요?
- 이 목표를 달성하게 되면 일상업무에 어떤 변화가 생기나요?

03. 현재 업무 방식에 대한 이해
- 현재의 업무 프로세스에서 가장 많은 시간을 소비하는 부분은 어디인가요?
- 업무 효율에 있어서 가장 어려움을 느끼는 부분은 무엇인가요?
- 현재의 업무 방식에서 가장 개선이 필요하다고 느끼는 부분을 우선 순위로 정한다면?

04. 효율성 장애 요인 확인
- 업무를 수행하는 데 있어서 가장 자주 방해가 되는 요소는 무엇인가요?
- 업무를 더 효율적으로 할 수 있었을 것 같은 상황이 있었나요?

- 효율성 측면에서 지원이 더 필요한 부분이 있다면 어떤 부분인가요?

05. 효율성을 높이기 위한 아이디어 모색
- 이 문제를 개선하기 위해 새로운 방법이나 아이디어가 있나요?
- 비슷한 업무를 더 효율적으로 처리한 경험이 있다면, 그때 어떤 방법이 효과적이었나요?
- 다른 팀이나 부서에서 보고 배운 방법 중에 우리 업무에도 적용해 볼 만한 것이 있을까요?

06. 지원이나 리소스 활용 방안 탐색
- 업무 효율성을 높이기 위해 추가적인 지원이 필요하다면 어떤 지원이 가장 효과적일까요?
- 도움이 될 만한 도구나 시스템이 있다면 무엇이라고 생각하세요?
- 어떤 리소스나 협업이 이 문제 해결에 도움이 될 수 있을까요?

07. 구체적인 실행 계획 설정
- 오늘 논의한 개선 방안 중에서 가장 먼저 시도해 보고 싶은 방법은 무엇인가요?
- 이 개선을 위해 즉시 실천할 수 있는 작은 변화는 무엇인가요?
- 다음 주까지 이 방안을 실행에 옮기기 위해 어떤 것부터 시작할 수 있을까요?

08. 실행 의지와 지원 요청 확인
- 이 개선 방안을 실행하는 데 있어 추가로 필요한 지원이나 리소스가 있다면 알려주세요.
- 이 방안을 실행하기 위해 어떤 장애물이나 도전이 예상되나요?
- 다음 1on1 미팅 전까지 어떤 변화가 나타나기를 기대하시나요?

2) 개인 목표와 경력 개발
「개인의 중장기 목표와 현재 역할의 연관성」

01. 중장기 경력 목표 설정에 관한 질문
- 장기적으로 이루고 싶은 경력 목표가 무엇인지 말씀해 주시겠어요?
- 3~5년 내에 본인이 원하는 커리어 방향이나 목표가 있다면 어떤 모습일까요?
- 이 경력 목표를 통해 궁극적으로 달성하고 싶은 바는 무엇인가요?

02. 현재 역할과의 연관성 설정 질문
- 현재 맡고 있는 역할이 장기 경력 목표와 어떻게 연결될 수 있을까요?
- 이 목표를 달성하는 데 현재 역할이 어떤 기초를 마련해 주고 있다고 생각하시나요?
- 현재 역할에서 얻고 있는 경험이 본인의 중장기 목표와 어떻게 연관 될 수 있을까요?

03. 현재 역할의 의미와 얻고 있는 경험에 대한 질문
- 현재 역할을 통해 얻고 있는 주요 경험이나 기술은 무엇인가요?
- 이 역할에서 지금까지 가장 성장했다고 느끼는 부분은 어떤 것인가요?
- 현재 맡고 있는 역할이 본인의 경력 목표를 달성하는 데 얼마나 도움이되고 있다고 느끼시나요?

04. 경력 목표와 현재 역할의 격차 파악 질문
- 중장기 경력 목표를 달성하는 데 있어 현재 역할에서 부족하거나 보완이 필요한 부분이 있다면 무엇인가요?
- 경력 개발의 관점에서 현재 역할이 기대에 미치지 못하는 부분이 있다면?

- 현재 역할이 중장기 목표를 달성하는 데 충분한 경험을 제공하고 있다고 생각하시나요?

05. 경력 목표 달성을 위한 현재 역할 내에서의 기회 탐색 질문

- 현재 역할에서 경력 목표와 관련된 더 많은 경험을 얻기 위해 어떤 추가적인 기회를 찾을 수 있을까요?
- 이 목표를 달성하기 위해 현재 역할에서 시도해 볼 수 있는 새로운 접근 방법이나 프로젝트가 있을까요?
- 현재 역할을 통해 중장기 경력 목표에 한 발 더 다가갈 수 있는 방법이 있다면 무엇일까요?

06. 추가적인 학습 및 경험 탐색 질문

- 중장기 경력 목표에 필요한 역량을 강화하기 위해 현재 역할 외에 추가로 배워보고 싶은 것이 있다면 무엇인가요?
- 다른 팀이나 프로젝트와 협력할 기회가 경력 개발에 도움이 될 것 같은가요? 그렇다면 어떤 기회가 좋을까요?
- 이 목표를 이루기 위해 필요한 추가적인 지원이나 리소스가 있다면 어떤 것이 있을까요?

07. 구체적인 단기 실행 계획 설정 질문

- 현재 역할을 통해 중장기 경력 목표에 더 가까이 다가가기 위해 이번 달에 실행해 볼 수 있는 작은 변화는 무엇인가요?
- 오늘 논의한 내용 중에서 우선적으로 실천하고 싶은 부분이 있다면 무엇인가요?
- 다음 1on1 미팅 전까지 경력 목표와 관련된 어떤 성취나 변화를 시도해 보고 싶으신가요?

08. 실행 의지와 지원 요청 확인 질문

- 경력 목표를 달성하는 과정에서 제가 추가로 지원할 부분이 있다면 무엇일까요?
- 장기 목표에 더 가까워지기 위해 이번 역할에서 어떤 부분에 더 집중하고 싶으신가요?
- 다음 미팅 전까지 본인이 이뤄내고 싶은 진전 사항이나 달성하고자 하는 작은 목표가 있다면 무엇인가요?

2) 개인 목표와 경력 개발
「경력 개발에 필요한 경험과 스킬셋」

01. 경력 개발 목표와 필요한 스킬 설정에 관한 질문
- 당신이 설정한 경력 목표를 이루기 위해 가장 중요한 스킬이나 경험은 무엇이라고 생각하시나요?
- 경력 개발을 위해 앞으로 쌓고자 하는 주요 경험이나 스킬은 무엇인가요?
- 장기적으로 경력 목표를 달성하는 데 필요한 핵심 기술이나 역량은 어떤 것들이 있다고 생각하시나요?
- 이 경력 목표를 달성하기 위해 특별히 강화하고 싶은 스킬이나 역량이 있다면 무엇인가요?
- 이 목표를 달성했을 때 커리어에서 어떤 의미를 가지게 될까요?

02. 목표 달성을 위한 스킬과 경험의 중요성 확인 질문
- 이 경험이나 스킬이 경력 개발에서 왜 중요하다고 생각하시나요?
- 어떤 스킬을 습득하면 본인의 커리어 발전에 더 큰 도움이 될 것 같으세요?
- 이 목표를 달성하면 현재 역할과 경력 개발에 어떤 변화가 있을 것 이라 예상하시나요?

03. 현재 보유한 스킬과 경험에 대한 평가 질문
- 현재 경력 목표에 필요한 스킬 중에서 이미 어느 정도 보유하고 있는 스킬은 무엇인가요?
- 지금까지 쌓아 온 경험이 목표 달성에 얼마나 기여할 수 있다고 생각 하시나요?

- 현재 가지고 있는 역량이나 기술이 경력 개발에 충분히 적합하다고 느끼시나요?
- 지금의 역할을 통해 개발된 스킬 중 가장 자신 있는 부분은 무엇인가요?
- 현재 역할을 수행하면서 어려움을 겪는 부분이 있다면, 어떤 기술이나 경험이 부족하다고 느껴지나요?

04. 추가로 필요한 경험과 스킬의 격차 파악 질문
- 경력 목표를 달성하기 위해 추가로 쌓아야 하는 경험이 있다면 무엇인가요?
- 현재 가지고 있는 역량과 목표 달성에 필요한 역량 사이에 어떤 격차가 있다고 느끼시나요?
- 본인이 보유한 스킬과 목표에 필요한 스킬 간 차이를 어떻게 느끼고 있나요?
- 목표 달성을 위해 필요한 스킬 중 아직 강화가 필요한 부분은 무엇인가요?
- 현재의 역량으로는 목표 달성에 충분하지 않다고 느끼는 부분이 있다면 무엇인가요?

05. 필요한 스킬을 습득할 수 있는 방안 탐색 질문
- 이 스킬을 강화하기 위해 현재 역할에서 시도해 볼 수 있는 방법이 있을까요?
- 이 스킬을 더 깊이 배우기 위해 외부 교육이나 훈련 프로그램을 고려해 보신 적이 있나요?
- 필요한 스킬을 더 빠르게 습득할 수 있는 방법이 있다면 무엇이 있을까요?
- 이 스킬을 더 빠르게 습득하기 위해 현재 업무에서 활용할 수 있는 방법이 있을까요?
- 이 목표를 달성하는 데 도움이 될 만한 리소스나 도구가 있다면 어떤 것들이 있을까요?

06. 필요한 경험을 쌓기 위한 기회 탐색 질문
- 현재 역할 내에서 새로운 경험을 통해 경력 개발에 필요한 경험을 쌓을 방법이 있다면 무엇일까요?
- 다른 프로젝트나 팀과의 협업을 통해 얻을 수 있는 경험이 있다면 어떤 기회가 있을까요?
- 필요한 경험을 쌓기 위해 자주 활용할 수 있는 학습 기회나 연습 방법이 있다면 어떤 것이 있을까요?
- 다른 팀원들과 협력하여 새로운 경험을 얻는 것도 도움이 될 수 있을까요?
- 현재 역할 외에도 참여하고 싶은 프로젝트가 있다면 어떤 것이며, 그것이 경력 개발에 어떻게 도움이 될까요?

07. 구체적인 실행 계획 설정 질문
- 앞으로 한 달 동안 이 스킬을 강화하기 위해 어떤 행동을 시도해 보실 계획인가요?
- 이번 달에 경력 개발을 위해 시도해 볼 수 있는 구체적인 행동이 있다면 무엇인가요?
- 오늘 논의한 목표 중 바로 적용할 수 있는 실천 사항이 있다면 무엇인가요?
- 오늘 논의한 방안 중에서 먼저 실천하고 싶은 부분이 있다면 무엇인가요?
- 다음 1on1 미팅 전까지 필요한 스킬이나 경험을 위해 구체적으로 어떤 활동을 해보고 싶으신가요?

08. 의지와 지원 요청 확인 질문
- 경력 개발을 위한 이 목표를 달성하기 위해 제가 추가로 도와드릴 부분이 있을까요?

- 이번 실행 계획을 실천하는 과정에서 필요한 지원이나 리소스가 있다면 무엇일까요?
- 목표 달성을 위해 현재의 업무 구조나 환경에서 더 필요로 하는 자원이 있을까요?
- 이 목표를 달성하기 위해 도전하고 싶은 점이 있으면 언제든 말씀해 주세요. 제가 어떻게 지원해 드리면 좋을까요?
- 다음 미팅 때까지 본인이 이루고 싶은 진전 사항이 있다면 무엇인지 알려주세요.

2) 개인 목표와 경력 개발
「본인의 강점과 개발이 필요한 부분」

01. 강점을 더욱 강화하기 위한 목표 설정 질문
- 현재 본인의 강점을 더욱 강화해서 얻고 싶은 구체적인 목표가 있다면 무엇인가요?
- 이번 역할이나 프로젝트에서 특히 발휘하고 싶은 강점은 무엇인가요?
- 강점을 더욱 발전시킴으로써 경력에 어떤 영향을 주고 싶으신가요?
- 본인의 강점을 통해 이루고 싶은 구체적인 성과나 결과가 있다면 무엇인가요?
- 이 강점을 어떻게 발전시켜 경력 목표를 더 잘 달성할 수 있을까요?

02. 개발이 필요한 부분에 대한 목표 설정 질문
- 경력 목표를 달성하기 위해 개선해야 할 부분이 있다면 어떤 부분인가요?
- 이번 역할에서 발전시켜야 할 스킬이나 능력 중 가장 중요한 것은 무엇인가요?
- 개발이 필요한 부분을 보완해서 얻고자 하는 성과는 무엇인가요?
- 이 부분을 개선하여 본인이 기대하는 결과는 무엇인가요?
- 개발이 필요한 부분을 개선함으로써 경력에서 어떤 성취를 이루고 싶으신가요?

03. 현재의 강점에 대한 현실 평가 질문
- 현재 역할에서 가장 돋보이는 강점은 무엇이라고 생각하시나요?
- 강점으로 인해 최근에 긍정적인 피드백을 받았던 경험이 있나요? 그때의 상황을 말씀해 주세요.

- 이 강점이 지금의 역할에서 어떻게 도움을 주고 있다고 느끼시나요?
- 본인이 보유한 강점 중 경력 개발에 가장 중요한 강점은 무엇이라고 생각하시나요?
- 팀원들이나 상사에게 자주 인정받는 강점은 무엇인가요?

04. 개발이 필요한 부분에 대한 현실 평가 질문
- 현재 업무에서 어려움을 겪고 있는 부분이 있다면, 그 원인은 무엇이라고 생각하시나요?
- 경력 목표를 이루기 위해 보완해야 할 스킬이나 경험이 있다면 무엇인가요?
- 최근에 본인의 발전이 필요한 부분으로 인해 업무에서 겪은 도전이나 어려움이 있었다면 어떤 상황이었나요?
- 팀에서 개선이 필요하다고 피드백을 받은 적이 있는 부분이 있다면 무엇인가요?
- 현재 역할을 수행하는 데 있어 부족함을 느끼는 부분이 있다면 어떤 점인가요?

05. 강점을 더욱 강화할 수 있는 방안 탐색 질문
- 강점을 더 발전시키기 위해 시도해 볼 수 있는 방법은 어떤 것이 있을까요?
- 강점을 활용할 수 있는 더 큰 기회나 프로젝트가 있다면 무엇인가요?
- 이 강점을 최대한 발휘하기 위해 필요한 지원이나 리소스가 있다면 무엇일까요?
- 강점을 강화하기 위해 새롭게 시도해 보고 싶은 활동이나 학습 기회가 있나요?
- 이 강점을 다른 업무나 역할에서도 활용할 수 있는 방안이 있을까요?

06. 개발이 필요한 부분을 보완할 수 있는 방안 탐색 질문
- 개선이 필요한 부분을 보완하기 위해 지금의 역할에서 적용할 수 있는 새로운 접근 방식이 있을까요?
- 이 부분을 개선하기 위해 교육이나 훈련 프로그램이 필요하다면, 어떤 프로그램이 가장 도움이 될 것 같나요?
- 개발이 필요한 부분을 보완하는 데 필요한 리소스나 자료가 있다면 어떤 것들이 있을까요?
- 팀 내에서 이 부분을 개선하기 위해 도움을 받을 수 있는 동료나 멘토가 있나요?
- 개선이 필요한 부분을 연습할 수 있는 업무 기회나 프로젝트가 있다면 어떤 방식으로 활용할 수 있을까요?

07. 강점을 더 강화하기 위한 실행 계획 설정 질문
- 이번 달에 이 강점을 강화하기 위해 실천해 볼 수 있는 행동은 무엇인가요?
- 오늘 논의한 내용 중 바로 적용해 보고 싶은 부분이 있다면 무엇인가요?
- 다음 미팅 전까지 이 강점을 더 효과적으로 활용할 수 있는 방법이 있을까요?
- 강점을 활용해 이번 프로젝트나 역할에서 보여주고 싶은 성과는 무엇인가요?
- 이 강점을 강화하기 위해 일정한 목표를 설정해 보고 싶은 부분이 있다면 무엇인가요?

08. 개발이 필요한 부분을 보완하기 위한 실행 계획 설정 질문
- 개선이 필요한 부분을 보완하기 위해 다음 주부터 실천해 보고 싶은 첫 번째 단계는 무엇인가요?
- 오늘 논의한 계획을 실천하기 위해 구체적으로 어떤 일정을 잡고 싶으신가요?

- 개발이 필요한 부분을 개선하기 위해 다음 미팅 전까지 어떤 성과를 이루고 싶으신가요?
- 이 부분을 개선하는 과정에서 도움이 될 만한 자원이 필요하다면 어떤 것을 요청하시겠어요?"
- 이 계획을 실천하면서 예상되는 어려움이 있다면, 그 부분을 해결하기 위해 어떤 준비를 하시겠어요?

2) 개인 목표와 경력 개발
「장기적인 경력 목표와의 Alignment」

01. 팀원의 장기적인 경력 목표 확인 질문
- 장기적으로 이루고 싶은 경력 목표가 무엇인가요? 앞으로 어떤 역할을 하고 싶으세요?
- 당신이 가장 이루고 싶은 커리어의 모습이나 최종적인 목표는 무엇인가요?
- 3년에서 5년 후에 이루고 싶은 커리어 목표가 있다면 어떤 것인가요?
- 이 장기 목표를 달성했을 때 본인이 기대하는 변화는 무엇인가요?
- 이 목표가 본인의 커리어에 왜 중요한가요? 어떤 의미를 갖고 있나요?

02. 현재 역할과의 목표 연관성 설정 질문
- 현재 역할이 이 장기 경력 목표와 어떻게 연관되어 있다고 느끼시나요?
- 현재 하고 있는 업무가 장기적인 목표 달성에 어떤 도움을 줄 수 있다고 생각하세요?
- 현재 역할에서 어떤 부분이 장기 목표와 직접적으로 연결된다고 보시나요?
- 현재 맡고 있는 업무 중에서 장기 목표와 가장 관련이 깊은 작업이나 프로젝트는 무엇인가요?
- 이 역할이 목표 달성을 위한 기초가 되는 부분은 어떤 점인가요?

03. 현재 역할이 장기 목표 달성에 도움이 되는지 파악하는 질문
- 현재 역할을 통해 목표 달성에 필요한 어떤 기술이나 역량을 쌓고 있나요?
- 현재 업무에서 장기 경력 목표 달성에 필요한 경험을 얻고 있다고 느끼시나요?

- 현재 역할에서 쌓고 있는 스킬 중 장기 목표에 도움이 될 부분은 무엇이라고 생각하세요?
- 지금 맡고 있는 업무가 장기 목표와 어느 정도의 연관성을 갖고 있다고 보시나요?
- 현재 경험이 목표를 이루는 데 있어 충분한 기초가 되고 있다고 느끼시나요?

04. 현재 역할과 목표 사이의 격차 인식 질문
- 현재 역할에서 경험할 수 없는 부분이나 격차가 있다고 느끼는 부분은 무엇인가요?
- 장기 목표와 관련해 지금의 역할이 부족하다고 느끼는 부분이 있다면 무엇인가요?
- 장기 목표를 고려했을 때, 현재 역할에서 강화되어야 할 부분은 어떤 점인가요?
- 목표 달성에 있어 지금 역할에서 경험하지 못한 중요한 요소는 무엇인가요?
- 장기 목표와 비교할 때 현재 역할 범위가 제한된 부분이 있다면 무엇인가요?

05. 현재 역할 내에서 목표와의 Alignment를 강화할 방법 탐색 질문
- 현재 역할에서 장기 목표와의 연관성을 높이기 위해 어떤 방안을 시도해 볼 수 있을까요?
- 장기 목표와의 Alignment를 위해 현재 업무에서 더 도전적인 과제를 찾을 수 있는 부분이 있을까요?
- 현재 역할에서 목표를 더 잘 맞추기 위해 구체적으로 변화할 수 있는 부분은 무엇인가요?
- 장기 목표에 부합하는 업무를 더 많이 포함할 수 있는 방법이 있을까요?

06. 추가적인 기회나 경험 탐색 질문
- 장기 목표와의 연관성을 높이기 위해 다른 부서와 협력해 볼 수 있는 부분이 있을까요?
- 목표 달성에 도움이 되는 추가적인 경험을 얻기 위해 필요한 프로젝트가 있다면 무엇인가요?
- 이 목표와 관련된 새로운 스킬을 배울 수 있는 교육이나 프로그램이 있다면 어떤 것들이 있을까요?
- 경력 목표를 고려할 때, 지금보다 더 다양한 경험을 쌓을 수 있는 기회가 있다면 어떤 것이 좋을까요?
- 다른 부서나 팀과 협력할 기회를 통해 목표와의 연관성을 높일 수 있는 방법이 있을까요?

07. 장기 목표와의 Alignment 강화를 위한 실행 계획 질문
- 이번 달 동안 장기 목표와의 연관성을 강화하기 위해 실천할 수 있는 구체적인 행동은 무엇인가요?
- 오늘 논의한 방안 중에서 즉시 적용하고 싶은 첫 번째 단계는 무엇인가요?
- 다음 1on1 미팅 전까지 현재 역할에서 장기 목표와의 연관성을 높일 수 있는 부분이 있을까요?
- 장기 목표와의 Alignment를 유지하기 위해 앞으로 어떤 노력을 기울이고 싶으신가요?
- 이 목표를 향해 나아가는 데 필요한 구체적인 목표나 마일스톤을 설정해 보고 싶으신가요?

08. 필요한 지원이나 리소스 요청 확인 질문

- 장기 목표와의 Alignment를 위해 추가적으로 필요한 지원이나 리소스가 있다면 무엇인가요?
- 목표 달성을 위한 지원이 필요하다면, 어떤 부분을 도와드리면 좋을까요?
- 이 목표를 달성하기 위해 협력할 필요가 있는 부서나 리소스가 있다면 알려주세요.
- 현재 역할에서 장기 목표와의 Alignment를 유지하는 데 필요한 자원이 있다면 무엇인가요?
- 이 목표를 실천하는 과정에서 예상되는 어려움을 해결하기 위해 필요한 지원이 있을까요?

3) 도전 과제와 장애물
「업무 중 발생하는 주요 장애물과 해결 방법」

01. 해결하고자 하는 장애물의 구체적인 목표 설정 질문
- 업무하면서 어떤 어려움들이 있나요?
- 업무를 하면서 나타나는 주요 어려움은 무엇인가요?
- 현재 업무에서 해결되었으면 하는 주요 장애물은 무엇인가요?
- 이번 1on1 미팅을 통해 해결하고 싶은 구체적인 어려움은 어떤 것인가요?
- 이 장애물을 해결함으로써 얻고자 하는 결과나 성과는 무엇인가요?
- 이 장애물이 해결되면 업무의 어떤 부분이 더 개선될 것 같나요?
- 장애물 해결을 통해 궁극적으로 달성하고자 하는 목표는 무엇인가요?

02. 장애물 해결의 중요성 확인 질문
- 이 문제를 해결하는 것이 현재 업무에서 얼마나 중요한가요?
- 이 장애물을 해결하지 않으면 앞으로의 업무에 어떤 영향을 줄 것 같나요?
- 이 문제가 해결되면 다른 업무에도 긍정적인 영향을 줄 수 있을까요?
- 이 장애물 해결이 팀의 목표에 어떻게 기여할 수 있을까요?
- 장애물 해결이 본인의 성장이나 역량 향상에 어떤 도움이 될 것 같나요?

03. 장애물의 원인과 현재 상황 파악 질문
- 이 장애물은 주로 어떤 상황에서 발생하나요?
- 이 문제가 발생하게 된 주요 원인은 무엇이라고 생각하세요?
- 현재 이 장애물로 인해 가장 어려움을 겪고 있는 부분은 무엇인가요?
- 이 문제가 지속되면서 업무에 어떤 영향을 주고 있나요?

- 이 문제를 해결하려고 시도했던 방법이 있다면 어떤 것이었고, 그 결과는 어땠나요?

04. 현재 장애물의 심각성 및 방해 요소 파악 질문
- 이 장애물이 업무에 방해가 되는 정도는 어느 정도인가요?
- 이 문제로 인해 생산성에 어떤 영향을 받고 있다고 느끼시나요?
- 장애물이 발생했을 때 가장 큰 부담이나 어려움은 무엇인가요?
- 장애물 해결에 있어 본인이 통제할 수 없는 부분은 무엇인가요?
- 이 문제가 다른 업무에도 영향을 미치고 있나요? 그렇다면 어떤 식으로 영향을 주고 있나요?

05. 장애물 해결을 위한 가능성 탐색 질문
- 이 장애물을 해결하기 위해 시도해볼 수 있는 방법은 어떤 것들이 있을까요?
- 비슷한 문제를 해결했던 과거의 경험이 있다면 그때 어떤 방법이 효과적이었나요?
- 이 문제를 해결하기 위해 필요한 자원이나 지원이 있다면 무엇일까요?
- 다른 팀이나 부서와 협력하여 문제를 해결할 수 있는 부분이 있을까요?

06. 대체 방안 및 아이디어 브레인스토밍 질문
- 다른 접근 방식을 사용해 본다면, 이 문제를 어떻게 해결할 수 있을까요?
- 이 문제를 해결하는 데 있어 우선순위를 다시 설정해 보는 것은 어떨까요?
- 다른 팀원이나 전문가의 도움을 받아 해결해 볼 수 있는 방법이 있을까요?
- 단기적으로 해결 가능한 방법과 장기적인 해결 방안을 각각 생각해 본다면 어떤 것이 있을까요?
- 새로운 아이디어나 시도를 통해 문제를 해결할 수 있는 방법이 있다고 생각하시나요?

07. 장애물 해결을 위한 구체적인 실행 계획 설정 질문
- 오늘 논의한 해결 방안 중에서 바로 실행해 보고 싶은 첫 번째 단계는 무엇인가요?
- 이번 주 내 시도해 볼 수 있는 작은 변화가 있다면 어떤 것이 있을까요?
- 다음 1on1 미팅 전까지 이 문제를 해결하기 위해 어떤 행동을 실천해 보고 싶으신가요?
- 장애물 해결을 위해 이번 달 동안 목표로 삼고 싶은 단계는 무엇인가요?
- 장애물 해결의 진행 상황을 어떻게 추적하고 평가할 수 있을까요?

08. 필요한 지원과 의지 확인 질문
- 이 문제를 해결하는 데 있어 제가 추가로 도와줄 부분이 있을까요?
- 실행 계획을 실천하는 과정에서 예상되는 도전이 있다면 무엇인가요? 그 부분에 대해 어떤 지원이 필요하신가요?
- 이번 실행 계획을 통해 달성하고 싶은 구체적인 성과나 변화가 있다면 무엇인가요?

3) 도전 과제와 장애물
「반복적으로 발생하는 문제와 그 원인 분석」

01. 객관적인 상황 설명
- 최근 [특정 문제]가 반복적으로 발생하고 있는 것을 보고 있습니다.
- 지난 [기간, 예: 두 달간] 동안 [문제]가 몇 차례 반복된 것을 확인했습니다.
- 우리가 처리하는 [업무/프로세스]에서 [문제]가 발생하고 있는데, 이 점에 대해 논의해 보려고 합니다.
- 최근 [문제 상황]이 [몇 번] 발생하고 있어요.
- 지금까지 [특정 상황]에서 [문제]가 반복되는 것을 주목하게 되었습니다.

02. 사실에 근거한 문제 진술
- 이 문제는 지난 [세 번의 사례]에서 동일한 패턴으로 나타났어요.
- 최근 프로젝트에서 유사한 문제가 발생한 예시가 [날짜]와 [날짜]에 있었습니다.
- 각 사례에서 동일한 부분에서 문제가 생겼던 것 같습니다.
- 이 문제가 생길 때마다 업무 흐름이 잠시 중단되고 있네요.

03. 문제의 영향을 간단히 언급
- 이 문제가 계속 발생함으로써 팀에 어떤 영향을 미치고 있는지 논의하고 싶습니다.
- 문제가 반복되면서 프로젝트 진행에 차질이 생길 수 있다는 점이 걱정됩니다.
- 팀의 목표 달성에 이 문제가 어떤 영향을 미치는지 함께 살펴보고 싶습니다.

- 업무의 효율성 측면에서 이 문제가 반복적으로 영향을 주고 있다고 생각합니다.

04. 문제에 대한 인식과 논의의 필요성 강조

- 이 문제가 앞으로도 계속 반복되지 않도록, 오늘 이 시간에 함께 원인을 찾아보면 좋겠습니다.
- 문제가 반복되는 원인을 이해하고, 어떻게 개선할 수 있을지 이야기해 보려고 합니다.
- 이 문제의 근본 원인을 찾고 장기적인 해결책을 마련하는 데 집중해 보겠습니다.
- 오늘 이 문제에 대해 서로 인식하고 해결 방안을 논의하는 시간을 갖고 싶습니다.
- 이번 기회를 통해 이 문제를 어떻게 해결할 수 있을지 함께 계획해 보면 좋겠습니다.

05. 협력적인 문제 해결 의지 표현

- 저도 이 문제를 해결하는 데 도움이 되고 싶어서 이 시간을 마련했습니다.
- 함께 해결책을 찾기 위해 논의하는 과정에서 제가 도울 수 있는 부분이 있다면 기꺼이 돕겠습니다.

06. 문제 해결의 중요성 인식 질문

- 이 문제가 반복되면서 본인이나 팀의 업무에 가장 큰 영향을 주는 부분은 무엇인가요?
- 이 문제를 해결하는 것이 현재 업무에서 얼마나 중요한가요?
- 이 문제가 계속해서 발생하면 앞으로의 업무에 어떤 부정적인 영향을 줄 수 있을까요?

- 반복되는 문제 해결이 팀의 목표 달성에 어떻게 기여할 수 있을까요?
- 문제 해결이 본인의 성과나 경력 개발에 어떤 도움이 될 것 같나요?

07. 반복 문제의 원인 분석 질문
- 이 문제가 주로 어떤 상황에서 발생하나요?
- 반복적으로 이 문제가 발생하게 되는 주요 원인은 무엇이라고 생각하시나요?
- 문제가 발생하는 패턴이나 공통적인 상황이 있다면 무엇인가요?
- 이 문제가 주로 발생하는 상황이나 조건은 무엇인가요?
- 문제가 발생할 때 주변의 환경이나 팀의 상황은 어땠나요?
- 이 문제는 특정한 시간대, 요일, 또는 프로젝트 단계에서 더 자주 발생하나요?
- 이 문제가 발생할 때 주로 관여하는 팀원들이나 역할은 누구인가요?
- 이 문제가 발생할 때 작업 흐름이 어떻게 진행되었는지 설명해 주시겠어요?
- 이 문제가 발생할 때 주로 영향을 받는 요인은 무엇인가요?
- 이 문제가 반복되기 시작한 시점은 언제인가요?
- 이 문제가 발생했을 때 주로 어떤 영향을 미쳤나요?
- 문제가 발생할 때마다 일정하게 반복되는 부분이 있다면 무엇인가요?
- 이 문제가 발생하는 가장 근본적인 원인이 무엇이라고 생각하시나요?
- 문제의 원인이 절차적인 부분에 있는지, 아니면 자원(시간, 인력, 도구)과 관련이 있는지 어떻게 보시나요?
- 이 문제의 발생에 영향을 미치는 외부 요인(예: 다른 부서, 고객 요구 사항)들이 있나요?
- 반복 발생하는 문제의 빈도와 강도가 변했는지, 혹은 비슷하게 유지되고 있는지 알고 싶습니다.

08. 문제 해결을 방해하는 요인 파악 질문
- 이 문제를 해결하는 데 있어 현재 가장 큰 방해 요소는 무엇인가요?
- 문제 해결을 시도할 때 장애물이 되는 부분은 무엇인가요?
- 문제가 발생할 때 주로 어떤 부분에서 어려움을 겪고 있나요?
- 이 문제를 반복해서 겪으면서 자주 느끼는 어려움은 무엇인가요?
- 문제가 해결되지 않고 반복되는 이유가 무엇이라고 생각하시나요?
- 문제 해결에 있어 본인이 통제하기 어려운 외부 요인이 있다면 무엇인가요?
- 이 문제를 해결하는 데 있어 기존의 업무 방식이나 절차가 영향을 미치고 있나요?

09. 문제 해결을 위한 다양한 방법 탐색 질문
- 이 문제가 반복될 때마다 해결을 위해 시도했던 방법들은 무엇이었나요?
- 이 문제의 원인을 탐색하기 위해 지금까지 시도해본 방법이 있다면 어떤 것이 있었나요?
- 이 문제를 해결하기 위해 어떤 새로운 접근 방법을 시도해 볼 수 있을까요?
- 비슷한 문제를 해결했던 과거의 경험이 있다면 그때 어떤 방법이 효과적이었나요?
- 이 문제를 해결하는 데 도움이 될 수 있는 자원이나 지원이 있다면 무엇이 있을까요?
- 다른 팀이나 부서와 협력하여 문제를 해결할 수 있는 부분이 있을까요?
- 이 문제 해결을 위해 새로운 방식으로 접근할 수 있는 아이디어가 있다면 어떤 것이 있나요?
- 이 문제를 해결하기 위해 지금 당장 바꿔볼 수 있는 것은 무엇인가요?

- 문제를 해결하기 위해 새로운 방식이나 도구를 사용해 보는 것은 도움이 될까요?
- 이 문제 해결을 위해 팀 내에서 어떤 협력이나 지원이 더 필요하다고 생각하세요?
- 이 문제를 장기적으로 해결하려면 어떤 변화가 필요할까요?
- 문제가 발생하지 않도록 미리 방지할 수 있는 방법이 있을까요?

10. 문제 해결을 위한 대체 방안 및 아이디어 브레인스토밍 질문
    - 이 문제에 대한 새로운 접근 방식을 생각해 본다면 어떤 방법이 있을까요?
    - 문제 해결에 있어 우선순위를 다시 설정해 보는 것은 도움이 될까요?
    - 다른 팀원이나 전문가의 도움을 받아 해결해 볼 수 있는 방법이 있다면 무엇인가요?
    - 단기적, 장기적으로 문제를 해결할 수 있는 방안을 각각 나누어 본다면 어떤 것이 있을까요?
    - 이 문제를 해결하기 위해 새롭게 시도해 보고 싶은 아이디어가 있나요?

11. 문제 해결을 위한 구체적인 실행 계획 설정 질문
    - 이번 주에 문제 해결을 위해 시도해 볼 수 있는 첫 번째 단계는 무엇인가요?
    - 오늘 논의한 해결 방안 중에서 바로 적용할 수 있는 구체적인 방법은 무엇인가요?
    - 다음 1on1 미팅 전까지 이 문제를 해결하기 위해 어떤 행동을 실천해 보고 싶으신가요?
    - 이 문제 해결을 위해 장기적으로 설정해 보고 싶은 목표는 무엇인가요?
    - 문제 해결 과정을 추적하고 평가하기 위해 어떤 지표를 사용할 수 있을까요?

12. 필요한 지원과 실행 의지 확인 질문
- 이 문제를 해결하는 데 있어 제가 추가로 도와줄 부분이 있을까요?
- 실행 계획을 실천하는 과정에서 예상되는 도전이 있다면 무엇인가요? 그 부분에 대해 어떤 지원이 필요하신가요?
- 문제 해결 과정에서 도움이 될 만한 추가적인 자원이 필요하다면 무엇인가요?

3) 도전 과제와 장애물
「업무 도중 겪는 스트레스 요인과 해결책 논의」

- 최근 업무를 하면서 혹시 스트레스를 느끼는 부분이 있으셨을까요? 오늘 그 부분을 함께 이야기해 보려고 합니다.
- 모든 일이 순조롭게만 진행되면 좋겠지만, 때때로 스트레스를 느낄 때도 있죠. 오늘은 업무 중 느끼는 스트레스 요인에 대해 편하게 이야기해볼까 합니다.
- 업무 중 스트레스를 받는 상황은 누구에게나 있을 수 있어요. 오늘 이 시간을 통해 조금이라도 스트레스를 덜 수 있는 방법을 찾을 수 있으면 좋겠습니다.
- 업무가 계속 진행되다 보면 피로감이나 스트레스를 느낄 때가 많은데요, 오늘 그런 부분을 함께 점검해 보려고 합니다.
- 이 대화는 업무에서 느끼는 스트레스를 솔직하게 나눌 수 있는 시간이었으면 합니다. 부담 없이 편하게 말씀해 주세요.
- 업무 중 스트레스를 다루는 것은 매우 중요한 부분이에요. 오늘 이 시간을 통해 솔직하게 이야기를 나누고, 함께 해결책을 찾아보면 좋겠습니다.
- 오늘 대화의 목적은 업무 중 느끼는 스트레스를 줄일 수 있는 방법을 찾는 것이에요. 부담 없이 느끼는 점들을 나누어 주시면 좋겠습니다.
- 스트레스가 지속되면 업무에도 영향을 미칠 수 있죠. 오늘은 그 스트레스 요인을 파악해서 개선할 수 있는 방법을 찾아보면 좋겠습니다.
- 어떤 스트레스 요인이 있는지 확인하고 관리하는 것이 중요해요. 오늘은 그 부분을 함께 파악하고 해결책을 모색하는 데 집중해 보겠습니다.
- 스트레스 요인을 잘 이해하는 것은 업무의 질을 높이는 데 큰 도움이 됩니다.

오늘 그 부분을 이야기하면서 필요한 부분을 지원해드리고 싶습니다.
- 업무 중 겪는 스트레스를 해결할 수 있도록 제가 어떻게 도울 수 있을지 이야기 나눠 보려고 합니다.
- 스트레스를 줄이는 데 있어 제가 도울 수 있는 부분이 있다면 무엇이든 지원하고 싶어요. 그 부분을 함께 점검해 보겠습니다.
- 스트레스 요인을 줄이기 위한 환경을 만들고 싶어요. 어떤 점이 도움이 될 수 있을지 이야기하면서 방법을 찾아가면 좋겠습니다.
- 오늘은 스트레스를 줄일 수 있는 실질적인 방법을 함께 찾아보면 좋겠습니다.
- 스트레스가 줄어들면 더 즐겁게 일할 수 있는 환경이 될 거예요. 오늘 그 변화를 위해 필요한 부분들을 함께 찾아봅시다.
- 스트레스를 덜 받으면서 더 효율적으로 일할 수 있도록 필요한 부분을 해결해 보려고 합니다. 솔직하게 느끼는 부분을 나눠 주세요.
- 스트레스를 줄일 수 있는 방법을 찾아서 조금이라도 업무에 긍정적인 변화를 만들 수 있으면 좋겠어요. 오늘 함께 노력해 보죠.

01. 스트레스 요인 파악 질문
- 가장 최근에 업무하면서 스트레스 받았던 때는 언제인가요? 그 때 어떻게 하셨나요?
- 현재 업무에서 가장 큰 스트레스를 주는 요소는 무엇인가요?
- 스트레스를 느끼는 상황이나 조건은 주로 어떤 때인가요?
- 업무 중에서 특히 스트레스를 많이 받는 순간이나 상황은 언제인가요?
- 이 스트레스가 발생하는 상황에서 주로 어떤 반응이나 느낌이 드시나요?

- 스트레스를 주는 주된 원인이 업무 절차인지, 환경인지, 혹은 다른 요소인지 어떻게 보시나요?
- 업무 중에서 스트레스를 반복적으로 느끼게 만드는 부분이 있다면 어떤 점인가요?
- 스트레스를 받을 때 주로 어떤 반응이나 생각이 드시나요?
- 이 스트레스가 업무의 어떤 측면에서 가장 크게 영향을 미친다고 느끼시나요?
- 동료와의 협업에서 스트레스를 받는 경우가 있다면, 그 이유는 무엇인가요?
- 업무량이나 시간 관리 측면에서 스트레스를 느끼는 부분이 있나요?
- 스트레스가 발생할 때 주로 어떤 업무나 작업에서 가장 두드러지나요?
- 이 스트레스를 해결하기 위해 지금까지 시도해본 방법이 있다면 무엇인가요?

02. 스트레스가 업무에 미치는 영향 파악 질문
- 이 스트레스 요인이 업무에 주는 구체적인 영향은 무엇인가요?
- 스트레스를 받으면서 본인의 생산성이나 집중력이 어떻게 변한다고 느끼시나요?
- 이 스트레스가 동료와의 협업이나 팀 분위기에 영향을 미친다고 생각하시나요?
- 스트레스를 느끼는 것이 의사결정이나 문제 해결에 어떤 영향을 주는것 같나요?
- 이 스트레스가 업무에 주는 영향을 숫자나 구체적인 지표로 표현할 수 있을까요?

03. 스트레스 관리 방안 탐색 질문
- 이 스트레스를 줄이기 위해 시도해 볼 수 있는 방법에는 어떤 것들이 있을까요?

- 비슷한 상황에서 다른 접근 방식을 사용해본 적이 있다면 어떤 것이었고, 효과가 있었나요?
- 스트레스 관리를 위해 자원을 요청하거나 새로운 도구를 사용하는 것은 도움이 될까요?
- 스트레스를 줄이는 데 도움이 될 만한 외부 자료나 리소스가 있을까요?
- 스트레스 요인을 해결하기 위해 우선순위를 조정하거나 업무 분배 방식을 바꿔볼 수 있을까요?

04. 동료나 팀과 협력하여 스트레스를 관리하는 방안 탐색 질문
- 동료나 팀과 협력하여 스트레스를 줄일 수 있는 방법이 있다면 무엇인가요?
- 이 문제를 해결하기 위해 팀원들에게 추가로 요청할 수 있는 지원이 있을까요?
- 동료들과 함께 스트레스를 덜 받기 위한 일하는 방식을 조정할 수 있는 부분이 있을까요?
- 팀 내에서 스트레스 관리를 위한 피드백을 받거나 공유할 수 있는 기회가 있나요?
- 스트레스를 줄이기 위해 팀 내에서 협력할 수 있는 구체적인 방법이 있다면 무엇인가요?

05. 스트레스 관리를 위한 구체적인 실행 계획 설정 질문
- 오늘 논의한 해결 방안 중에서 바로 실행해 보고 싶은 첫 번째 단계는 무엇인가요?
- 다음 주 내에 스트레스를 줄이기 위해 시도해 볼 수 있는 구체적인 행동은 무엇인가요?

- 다음 1on1 미팅 전까지 스트레스 관리에 있어 어떤 변화를 이루고 싶으신가요?
- 스트레스 관리를 위해 매일 또는 매주 실천할 수 있는 간단한 습관이나 활동이 있을까요?
- 이 계획을 실천하면서 스트레스 변화를 어떻게 추적하고 평가할 수 있을까요?

06. 필요한 지원과 실행 의지 확인 질문

- 이 스트레스 관리를 위해 추가로 필요한 지원이나 리소스가 있다면 무엇인가요?
- 실행 계획을 실천하는 과정에서 예상되는 어려움이 있다면 무엇인가요? 그 부분에 대해 어떤 지원이 필요하신가요?
- 스트레스를 줄이기 위해 직장 내에서 어떤 종류의 도움이나 피드백을 받으면 좋겠다고 생각하시나요?
- 스트레스 관리 과정에서 지속적인 동기 부여를 유지하기 위해 필요한 지원이 있다면 무엇인가요?
- 이번 실행 계획을 통해 얻고 싶은 구체적인 성과나 변화가 있다면 무엇인가요?

3) 도전 과제와 장애물
「외부 또는 내부 요인으로 인한 어려움 파악」

- 요즘 업무 중에서 외부나 내부 요인 때문에 어려움을 겪고 있는 부분이 있으신지 궁금합니다. 오늘은 그런 부분을 함께 이야기해 보려고 합니다.
- 업무 중에서 외부적인 요인이나 내부적인 절차 때문에 불편함을 느끼는 경우가 있을 수 있어요. 그런 부분이 있다면 오늘 편하게 나눠 주셨으면 좋겠습니다.
- 업무를 하면서 예상치 못한 어려움들이 생기기도 하는데요, 그런 부분에 대해 같이 이야기하고 지원할 수 있는 방법을 찾아보려고 해요.
- 업무 중에 발생하는 내부나 외부 요인으로 인해 어려움을 겪고 있다면 솔직하게 이야기해 주세요. 해결 방법을 함께 고민해 보면 좋을 것 같습니다.
- 오늘은 업무 중에 겪는 다양한 요인들로 인한 어려움이 있는지 이야기 나누며 해결책을 찾아보는 시간을 가졌으면 합니다.
- 업무 중에 내부나 외부 요인 때문에 예상치 못한 어려움이 생길 때가 있죠. 그런 부분에 대해 제가 도와드릴 수 있는 방법이 있는지 논의해 보면 좋겠습니다.
- 업무 환경에서 외부/내부 요인으로 인해 부담을 느끼실 수 있다고 생각해요. 그런 부분을 함께 이해하고 해결 방안을 찾기 위해 이 시간을 마련했습니다.
- 업무에 영향을 미치는 외부 및 내부 요인이 있을 때 스트레스가 커질 수 있죠. 오늘은 그런 부분을 해결할 수 있는 방법을 함께 찾아보려고 합니다.

- 오늘은 업무 중에 발생하는 내부 또는 외부 요인으로 인해 어려움을 겪고 있는 부분을 함께 살펴보려 합니다. 그런 요인들을 줄일 수 있는 방법을 찾고 싶습니다.
- 외부나 내부 요인이 업무에 방해가 될 때 어떻게 하면 더 나은 환경을 만들 수 있을지 고민해 보려고 합니다. 함께 고민해보아요!
- 업무를 하다 보면 통제할 수 없는 외부 요인이나 내부 절차로 인해 어려움을 겪을 수 있는데, 그런 부분을 해결할 수 있는 방법을 함께 찾고 싶습니다.
- 오늘 대화의 목적은 업무 중 발생하는 외부/내부 요인으로 인한 어려움을 더 깊이 이해하고, 해결 방안을 마련하는 것입니다. 부담 없이 느끼는 점을 나눠 주세요.
- 외부나 내부 요인이 업무의 흐름에 영향을 줄 때가 있을 텐데요, 오늘은 그 점에 대해 이야기하면서 어떤 도움을 드릴 수 있을지 알아 보려고 합니다.
- 업무 중에 외부 요인이나 내부 요인으로 인해 겪는 어려움이 있다면 제가 어떻게 도와드릴 수 있을지 이야기 나누고 싶습니다.
- 오늘 대화를 통해 업무 중 느끼는 어려움을 줄이고, 업무 환경을 더욱 개선할 방법을 함께 고민해 보면 좋겠습니다.

01. 내부적 어려움의 원인 파악 질문

- 최근에 업무 진행하면서 느낀 내부적 어려움은 무엇인가요?
- 현재 업무 중에서 내부적으로 가장 큰 어려움을 주는 요소는 무엇인가요?
- 내부적 요인으로 인해 업무 진행에 방해가 되는 부분이 있다면 무엇인가요?
- 업무 과정에서 팀 내부의 절차나 시스템이 방해가 된다고 느끼는 부분이 있나요?

- 이 내부적 어려움이 발생할 때 주로 어떤 상황이나 조건에서 나타나요?
- 업무를 진행하면서 가장 시간을 많이 빼앗는 내부적 요인은 무엇인가요?
- 내부 소통 과정에서 어려움을 느끼는 부분이 있다면 어떤 점인가요?
- 팀의 업무 방식이나 관행 중 개선이 필요하다고 느끼는 부분이 있다면 무엇인가요?
- 내부적 절차가 본인의 업무 흐름을 방해한다고 느낀 적이 있다면 어떤 상황이었나요?
- 팀 내부의 역할 분담이나 책임 분배에서 어려움을 겪고 있다고 느끼시나요?
- 이 내부적 어려움이 발생하는 주된 원인은 무엇이라고 생각하시나요?
- 이 내부요인으로 인한 어려움이 발생할 때 주로 느끼는 감정이나 반응은 어떤 것인가요?

02. 외부적 요인으로 인한 어려움 파악 질문

- 최근에 업무 진행하면서 느낀 외부적 요인으로 인한 어려움은 무엇인가요?
- 외부 요인 중에서 특히 업무에 어려움을 주는 부분은 어떤 점인가요?
- 외부 요인이 업무 일정이나 과정에 방해가 된 적이 있다면 언제였나요?
- 외부요인으로 인해 업무가 지연된 경험이 있다면 원인은 무엇이었나요?
- 외부적으로 발생하는 이슈가 본인의 업무 흐름에 어떤 영향을 미치나요?
- 외부에서 요구하는 자료나 정보를 제공하는 과정에서 어려움이 있나요?
- 외부적인 어려움이 있을 때 주로 어떤 방식으로 대처하고 계시나요?
- 외부 요인이 반복적으로 문제를 일으킬 때 주로 어떻게 대응하고 계셨나요?
- 외부 요인이 업무에 미치는 영향을 구체적으로 어떻게 표현할 수 있을까요?

03. 내부적 어려움을 해결할 수 있는 방안 탐색 질문
- 내부적 요인을 줄이기 위해 시도해볼 수 있는 새로운 방법이 있다면 무엇이 있을까요?
- 이 문제를 해결하는 데 있어 업무 방식을 조금 다르게 해보는 것은 도움이 될까요?
- 이 어려움을 극복하기 위해 동료나 팀과 협력할 수 있는 방법이 있을까요?
- 이 내부적 요인을 줄이기 위해 필요한 자원이나 도구가 있다면 무엇일까요?
- 이 문제가 내부적 절차와 관련이 있다면, 어떤 부분에서 절차를 개선할 수 있을까요?

04. 외부적 요인으로 인한 어려움을 줄이기 위한 방안 탐색 질문
- 외부 요인으로 인해 발생하는 문제를 줄이기 위해 어떤 대처 방법이 있을까요?
- 이 문제를 해결하기 위해 외부 부서나 파트너와 협력할 필요가 있을까요?
- 외부 요인으로 인해 반복되는 문제를 예방할 수 있는 방법이 있다면?
- 외부 요인에 대한 대처 방안을 논의하거나 공유할 수 있는 자원이 있을까요?
- 외부 요인을 더 잘 관리하기 위해 새로운 접근 방식을 시도해 볼 수 있을까요?

05. 내부적 어려움 해결을 위한 실행 계획 설정 질문
- 오늘 논의한 해결 방안 중에서 내부적 어려움을 해결하기 위해 바로 적용할 수 있는 방법은 무엇인가요?
- 이 내부 요인을 줄이기 위해 실천할 수 있는 일상적인 변화가 있다면 무엇인가요?
- 다음 주까지 시도해 보고 싶은 첫 번째 단계는 무엇인가요?
- 다음 1on1 미팅 전까지 이 문제 해결을 위해 어떤 행동을 실천해 보고 싶으신가요?

- 내부적 어려움이 다시 발생하지 않도록 예방할 수 있는 방법은 어떤 것이 있을까요?

06. 외부적 요인 해결을 위한 실행 계획 설정 질문
- 외부적 요인에 대응하기 위해 당장 시작할 수 있는 조치가 있다면 무엇인가요?
- 오늘 논의한 내용 중에서 외부 요인 해결을 위해 우선적으로 실행 하고 싶은 부분이 있나요?
- 외부 요인으로 인한 어려움을 줄이기 위해 다음 3개월 동안 목표로 삼고 싶은 변화가 있나요?
- 외부 요인을 관리하는 데 있어 팀의 지원이 필요하다면 어떤 부분을 요청하고 싶으신가요?
- 이 실행 계획을 통해 외부 요인으로 인한 어려움을 해결하는 데 어떤 구체적인 변화를 기대하시나요?

3) 도전 과제와 장애물
「타 팀과의 협업으로 인한 어려움」

- 오늘은 다른 팀과의 협업 과정에서 겪고 있는 어려움이나 불편한 점이 있다면 편하게 이야기해보는 시간을 가졌으면 해요. 우리 팀의 성과와 본인의 업무 만족도 모두에 긍정적인 변화를 줄 수 있는 방법을 함께 찾아보면 좋겠습니다.
- 협업이 때로는 복잡하고 까다롭지만, 본인이 어려움을 겪고 있는 부분이 무엇인지 함께 나누고 해결 방안을 찾아보는 것이 중요하다고 생각해요. 오늘은 그 과정에서 어떤 점을 개선할 수 있을지 함께 고민해보는 시간을 가져볼까요?
- 타 팀과 협업하는 일이 예상보다 더 어렵게 느껴질 때가 있을 텐데, 그런 부분이 본인에게도 부담이 되고 있는지 궁금합니다. 오늘은 협업이 조금 더 수월하게 이루어질 수 있는 방안을 함께 이야기해보는 시간을 갖고 싶어요.
- 요즘 타 팀과 협력하는 과정에서 어려움을 겪고 있다는 이야기를 들었어요. 협업을 통해 더 큰 성과를 이뤄내기 위해서 지금 상황을 이해하고, 함께 해결 방안을 모색해보는 것이 좋을 것 같아요.
- 협업이 쉽지 않다는 점을 잘 이해하고 있어요. 오늘은 타 팀과의 협업에서 느끼는 어려움이 무엇인지 구체적으로 이야기 나눠보고, 본인이 원하는 방향으로 협업을 원활하게 이끌어갈 수 있는 방법을 함께 고민해보고 싶어요.
- 협업 과정에서 겪는 어려움이 본인에게도 영향을 미치고 있을 것 같아요. 오늘 이 시간을 통해 협업이 조금 더 수월하게 진행될 수 있는 방법을 찾아보면 좋겠어요.

- 협업은 항상 도전적이지만, 그 과정에서 본인이 느끼는 어려움을 이해하고 함께 해결 방안을 모색하는 것이 중요해요. 오늘은 그 부분을 중점적으로 이야기 나눠보며 앞으로의 방향을 함께 정해보면 좋겠어요.

01. 협업의 목적 설정

- 지금 하고 계시는 **팀과의 협업에서 꼭 이루고 싶은 결과는 무엇인가요?
- 이 프로젝트가 성공적으로 끝난다면, 어떤 변화가 있을 것 같나요?
- 협업이 원활하게 이루어졌을 때, 본인의 역할이 어떤 영향을 줄까요?
- 이번 협업이 잘 되었을 때 본인이 얻고자 하는 경험이나 배움은 무엇인가요?
- 협업이 잘 되면 팀에 구체적으로 어떤 긍정적인 영향을 미칠까요?
- 타 팀과의 협업이 원활할 때 본인에게도 긍정적인 영향이 있나요?
- 협업이 성공적으로 이루어지면 본인이 성취감을 느낄 수 있는 부분은 어떤 것일까요?
- 이 협업을 통해 본인이 이뤄내고 싶은 개인적인 목표는 무엇인가요?
- 타 팀과의 협업을 통해 배우고 싶은 구체적인 스킬이나 능력이 있다면?
- 이번 프로젝트에서 팀원들이 함께 달성하고 싶은 주요 성과는 무엇이라고 생각하세요?
- 협업이 원활하게 진행되었을 때 달성될 수 있는 목표는 무엇인가요?
- 본인의 업무에서 이번 협업이 중요한 이유는 무엇인가요?
- 이번 협업의 성공이 본인의 커리어 발전에 어떤 영향을 줄 수 있을까요?
- 협업을 통해 본인이 궁극적으로 이루고 싶은 최종 목표는 무엇인가요?

02. 협업 개선의 필요성 인식

- 현재 협업이 잘 이루어지지 않아서 불편한 점이 있으신가요?
- 이 협업 과정에서 개선이 필요한 점이 있다면 무엇일까요?
- 협업의 어려움이 해결되면 본인의 업무에 어떤 변화가 있을 것 같나요?
- 타 팀과의 협업이 원활해졌을 때, 본인이 느끼는 업무 만족도는 어떻게 달라질까요?
- 협업이 어려운 상황에서 본인의 성과에도 영향을 주는 부분이 있나요?
- 협업이 잘 이루어졌을 때 본인에게 긍정적인 변화가 생길까요?
- 이 협업을 통해 본인의 업무에서 가장 큰 개선점을 기대할 수 있는 부분은 어디일까요?
- 타 팀과의 협업이 원활하게 이루어졌을 때 느낄 수 있는 만족감은 어떤 것일까요?
- 협업이 개선되었을 때 본인에게도 장기적으로 이득이 되는 부분은 무엇이라고 생각하시나요?
- 협업 개선이 본인의 업무 효율성에 어떤 긍정적인 영향을 미칠까요?
- 이 협업이 성공하면 본인의 목표에도 긍정적인 영향을 줄 것 같나요?
- 타 팀과의 협업 중 어려움을 겪으면서 느낀 변화가 있다면 무엇인가요?
- 이번 협업이 본인의 커리어에 긍정적인 방향으로 연결될 수 있다고 생각하시나요?
- 협업 개선이 본인의 성과에도 직접적으로 도움이 된다고 느끼시나요?
- 협업 과정에서 본인이 경험하고 싶은 최종적인 변화는 무엇인가요?

03. 현재 겪고 있는 협업의 어려움

- 지금 협업에서 가장 답답하게 느껴지는 부분이 있나요?
- 타 팀과 협업할 때 주로 어떤 상황에서 어려움을 겪으세요?
- 협업 중에 가장 자주 발생하는 문제가 있다면 무엇인가요?
- 이 협업 과정에서 본인이 겪고 있는 주요 장애물은 무엇인가요?
- 협업에서 불편을 느끼는 부분이 업무에 어떤 영향을 미치고 있나요?
- 특히 협업 중에 자주 마찰이 생기는 부분이 있나요?
- 타 팀과의 소통에서 걸림돌이 되고 있는 요소가 있다면 무엇이라고 생각하세요?
- 현재 이 협업 문제로 인해 가장 스트레스를 받는 부분은 무엇인가요?
- 이 문제를 해결하지 않으면 본인의 업무가 어떻게 될 것 같나요?
- 협업이 원활하지 않을 때 본인의 업무 성과에도 영향을 미치나요?
- 지금 협업의 어려움이 계속된다면 어떤 영향을 줄 것 같나요?
- 협업 과정에서 문제가 해결되지 않으면 앞으로의 프로젝트에 어떤 영향을 미칠까요?
- 이 협업의 어려움이 본인의 업무 효율에 어떤 영향을 주고 있다고 생각하시나요?
- 협업이 어려운 현재 상황을 바꾸지 않는다면 어떤 결과가 나올 것 같나요?
- 이 협업의 어려움이 지속되었을 때 본인이 직면할 가장 큰 문제가 무엇일까요?

04. 과거 협업 경험 및 현재 접근 방식

- 과거에 비슷한 협업 문제를 겪으신 적이 있었나요?
- 비슷한 문제를 해결했던 경험이 있다면 그때는 어떻게 대처하셨나요?
- 이전에 잘 풀렸던 협업에서 본인이 중요하게 여겼던 점은 무엇이었나요?
- 이전 경험을 바탕으로 지금의 문제에 적용할 수 있는 방법이 있을까요?
- 지금의 협업 방식이 문제가 된다고 생각하시나요? 그렇다면 그 이유는 무엇인가요?
- 과거에 협업 문제를 해결할 때 어떤 접근 방식이 가장 효과적이었나요?
- 현재의 협업 방식에서 개선이 필요한 점이 있다면 무엇인가요?
- 과거의 성공적인 협업 경험을 떠올려 보셨을 때, 그때와 지금의 차이는 무엇인가요?
- 이전에 시도했던 방법 중 현재 상황에 적용할 수 있는 것이 있나요?
- 이전에 겪었던 문제를 해결했던 방식 중 유용했던 방법이 있다면 어떤 것이었나요?
- 과거에 성공적인 협업을 했던 팀과 현재 팀의 차이점은 무엇인가요?
- 타 팀과의 협업이 지금보다 원활했던 경험이 있다면 그때의 성공 요인은 무엇이었나요?
- 현재와는 다른 접근 방식으로 시도해 본다면 어떤 차이가 생길 것 같나요?
- 이전 협업 경험을 바탕으로 이번 협업에서 변화시킬 수 있는 부분은 어디일까요?

05. 새로운 접근방식 모색

- 지금 상황을 개선하기 위해 가장 먼저 떠오르는 아이디어가 있나요?
- 조금 다른 방식으로 접근한다면 어떤 변화가 가능할까요?
- 타 팀과 소통 방식을 조금만 바꿔본다면 어떤 점이 개선될 것 같나요?
- 어떤 새로운 방법이 있다면 현재 문제 해결에 도움이 될까요?
- 현재 방식에서 작은 변화를 준다면 어떤 게 가장 효과적일 것 같나요?
- 다른 팀과의 협업을 원활히 하기 위해 지금과는 다른 방법을 사용해 보고 싶으신가요?
- 새롭게 시도해 볼 만한 아이디어가 있다면 무엇이 있을까요?
- 이 문제를 해결하기 위해 더 유연하게 접근할 방법이 있을까요?
- 조금 더 창의적으로 접근한다면, 어떤 시도를 해보고 싶으신가요?
- 현재 협업에서 바꾸고 싶은 부분이 있다면 무엇을 시도해 보고 싶나요?
- 타 팀과의 협업에서 본인이 먼저 시도할 수 있는 새로운 방식이 있을까요?
- 지금까지와는 다른 방식으로 소통하면, 협업에 긍정적인 변화를 줄 수 있을까요?
- 협업 방식을 다르게 가져가면, 본인이 기대하는 변화는 어떤 것일까요?
- 타 팀과 소통을 더 효율적으로 할 수 있는 새로운 방법이 있을까요?
- 이번 협업 문제를 해결하기 위해 지금 바로 시도할 수 있는 변화는 무엇인가요?

06. 타 팀과의 관계 강화 방안

- 타 팀과 신뢰를 쌓기 위해 먼저 해볼 수 있는 일이 있을까요?
- 다른 팀과의 관계를 강화하기 위해 추가로 시도해 볼 만한 접근 방식이 있을까요?
- 타 팀과 더 좋은 관계를 만들기 위해 먼저 할 수 있는 작은 행동은 무엇일까요?
- 타 팀에서 본인을 더 잘 이해할 수 있도록 도울 방법이 있을까요?
- 타 팀과 협력하는 과정에서 신뢰를 더 쌓기 위해 할 수 있는 것이 있나요?
- 타 팀의 기대와 요구를 더 잘 이해하기 위해 어떤 방식을 시도해 보고 싶으세요?
- 협업을 원활히 하기 위해 타 팀과의 관계에서 개선이 필요한 부분은 어디인가요?
- 타 팀과의 신뢰를 높이기 위해 본인이 먼저 취할 수 있는 방법이 있을까요?
- 타 팀과의 관계를 강화하기 위해 주기적인 소통을 시도해 보는 게 좋을까요?
- 관계를 개선하기 위해 서로의 역할을 명확히 하는 것이 도움이 될까요?
- 다른 팀 구성원들과 좀 더 편하게 이야기할 수 있는 기회가 있다면 어떤 걸 시도하고 싶나요?
- 협업 중에 발생하는 갈등을 줄이기 위해 먼저 바꿀 수 있는 행동이 있다면 무엇인가요?
- 타 팀과의 관계에서 신뢰를 쌓는 데 도움이 될 만한 작은 변화가 있을까요?
- 타 팀과의 소통에서 긍정적인 관계를 만드는 데 도움이 될 만한 방법이 있을까요?
- 관계를 강화하기 위해 본인이 주도적으로 할 수 있는 일이 있다면 무엇일까요?

07. 행동계획

- 오늘 이야기한 아이디어 중에서 가장 먼저 실행해 보고 싶은 것이 있나요?
- 이번 주에 바로 시도해 볼 수 있는 첫 번째 행동은 무엇인가요?
- 지금 상황을 개선하기 위해 다음 회의에서 어떤 변화를 시도해 보고 싶으세요?
- 협업을 더 원활하게 하기 위해 이번 주에 설정할 수 있는 작은 목표가 있을까요?
- 앞으로 협업 과정에서 바로 실천할 수 있는 작은 변화가 있다면 무엇인가요?
- 협업의 어려움을 줄이기 위해 오늘부터 바로 시작할 수 있는 일이 있을까요?
- 다음 미팅에서 타 팀과의 협업을 더 원활하게 만들기 위해 어떤 준비를 하고 싶으신가요?
- 협업 문제를 해결하기 위해 이번 주에 본인이 꼭 실천해 보고 싶은 변화가 있나요?
- 구체적으로 어떤 첫 걸음을 오늘부터 시작해 볼 수 있을까요?
- 타 팀과의 관계에서 조금 더 긍정적인 변화를 위해 오늘부터 어떤 행동을 해볼까요?
- 다음 주까지 협업 개선을 위해 실행할 첫 번째 행동이 있다면 무엇인가요?
- 오늘 다룬 계획 중에서 가장 현실적으로 실천할 수 있는 것이 있다면 무엇인가요?
- 이제부터 협업에서 작게나마 꾸준히 실천해 나가고 싶은 일은 무엇인가요?
- 이번 주 동안 시도해 보고 싶은 협업 개선 행동이 있다면?
- 바로 실천해 볼 수 있는 작은 변화가 있다면 무엇을 먼저 하고 싶으신가요?

08. 지속적 개선을 위한 의지 확인

- 협업 개선을 위해 앞으로 꾸준히 실천하고 싶은 부분이 있을까요?
- 협업 개선이 잘 유지되도록 정기적으로 점검할 방법이 있을까요?
- 지금 정한 방안을 장기적으로 실천하기 위해 어떤 노력이 필요할까요?
- 이번 협업 개선 계획을 꾸준히 이어가기 위해 어떤 방법이 도움이 될까요?
- 지속적인 개선을 위해 주기적으로 점검할 만한 요소가 있다면 무엇일까요?
- 타 팀과의 협업을 더욱 강화하기 위해 앞으로 정기적으로 시도하고 싶은 일이 있나요?
- 협업에서 느낀 개선 사항을 꾸준히 유지하기 위해 어떤 계획이 필요 할까요?
- 협업 개선이 일시적이지 않고 꾸준히 이루어질 수 있도록 어떤 준비를 하고 싶으세요?
- 지속적으로 협업 문제를 개선해 나가고 싶다면, 어떤 행동을 꾸준히 실천하고 싶으세요?

4) 동기 부여와 업무몰입
「현재의 동기 상태와 업무에 대한 만족도」

- 요즘 업무에 대한 동기부여 상태나 업무만족도가 어떠신지 궁금합니다. 오늘은 그런 부분을 함께 이야기해 보려고 합니다.
- 최근 업무를 하면서 동기 부여가 잘되고 있는지, 업무에 만족감을 느끼고 계신지에 대해 이야기 나누고 싶습니다.
- 오늘은 업무에 대한 만족도와 동기를 점검해 보는 시간을 가져 보려고해요.
- 동기 상태와 만족도는 업무의 질을 결정짓는 중요한 요소라고 생각해요. 그런 부분에 대해 오늘 함께 점검해 보려고 합니다.
- 동기 부여와 만족도는 일하면서 큰 영향을 미치는 부분이에요. 오늘은 그런 부분을 살펴보고 필요한 부분을 함께 개선해 보려고 합니다.
- 업무에 대한 만족도와 동기는 팀원 개개인의 성과에 큰 영향을 주죠. 오늘 그 부분을 함께 이야기해 보며 개선할 수 있는 방법을 찾고 싶습니다.
- 요즘 업무를 하면서 본인이 느끼는 동기와 만족 상태가 어떤지 이야기 나누면 좋을 것 같아요!
- 본인의 동기 상태와 업무에 대한 만족도를 점검해 보고 지원할 것이 있으면 지원하려고 하는데 어떠신가요?
- 요즘 느끼시는 업무에 대한 만족도나 동기 상태가 어떤지 파악하고, 필요한 부분을 지원해 드리고 싶습니다.
- 업무에서 느끼는 동기와 만족도를 높일 수 있는 방법이 있을지 이야기해 보면 좋을 것 같은데, 어떠세요?

- 오늘은 본인의 업무 만족도를 높이고, 더 큰 동기를 느낄 수 있는 방법이 있을지 함께 논의해 보는 게 어떨까요?
- 업무에서 더 큰 동기와 만족감을 느끼기 위해 필요한 부분이 있을지 이야기 나눠 보고 함께 해결책을 찾으면 좋겠습니다.
- 업무에 대한 만족도나 동기 부여를 높일 수 있는 부분이 있는지 살펴보고, 필요한 지원을 제공할 방법을 찾아보고 싶은데 어떠신가요?
- 동기와 만족 상태를 높일 수 있는 방법을 함께 모색해 보려고 합니다. 필요한 부분이 있다면 편하게 이야기해 주세요.
- 동기와 만족도가 업무 성과에 중요한 영향을 미치죠. 오늘은 그 부분을 함께 점검하고 발전할 방법을 모색해 보면 좋겠습니다.
- 요즘 업무가 본인에게 얼마나 보람을 주고 있는지, 혹시 만족도를 높일 방법이 있을지에 대해 이야기해 보고 싶습니다.

01. 현재 동기 상태 파악 질문
- 현재 업무에 대해 느끼는 동기 상태는 어떠신가요?
- 업무에서 동기 부여를 받는 부분과 그렇지 않은 부분이 있다면 어떤 점인가요?
- 업무를 수행할 때 에너지나 의욕을 많이 느끼는 순간이 있다면?
- 동기 부여가 필요한 부분이 있다고 느끼는 이유는 무엇인가요?
- 일을 하면서 동기가 떨어졌다고 느낀 적이 있다면, 그 이유는 무엇인가요?
- 현재 업무에 대해 가장 동기 부여가 되는 부분은 무엇인가요?
- 업무를 할 때 특히 에너지를 많이 느끼는 순간이 있다면 언제인가요?
- 업무에 대한 의욕이 가장 높아지는 시점이나 상황은 어떤 경우인가요?
- 업무가 주는 동기가 부족하다고 느끼는 순간이 있다면, 그 이유는 무엇인가요?

- 최근 업무에서 큰 동기 부여가 되었던 순간이나 경험이 있다면 공유해 주시겠어요?
- 현재 업무가 본인의 성장이나 목표 달성에 어떻게 도움이 된다고 느끼시나요?
- 동기 부여를 높이기 위해 필요한 환경적 요인이 있다면 무엇인가요?
- 업무에서 동기 부여가 된다고 느낄 때와 그렇지 않을 때의 차이점은 무엇인가요?
- 본인이 지금 맡고 있는 업무가 가치 있다고 느끼는 부분은 어떤 것인가요?

02. 업무 만족도에 대한 현실 파악 질문
- 현재 맡고 있는 업무에 대한 만족도는 어느 정도라고 느끼시나요?
- 일에서 가장 만족감을 느끼는 부분과 아쉬운 부분이 있다면 무엇인가요?
- 업무 중에서 본인의 기대와 실제 경험이 다른 부분이 있다면 어떤 점인가요?
- 업무를 수행하면서 만족감을 주는 요소는 어떤 것인가요?
- 업무에서 만족도를 떨어뜨리는 요소가 있다면 무엇인가요?
- 현재 맡고 있는 업무에서 가장 만족감을 느끼는 부분은 무엇인가요?
- 일상 업무 중에서 특별히 만족스럽지 않다고 느끼는 부분이 있다면 무엇인가요?
- 지금 업무가 본인의 기대와 다르다고 느끼는 부분이 있다면 어떤 점인가요?
- 업무에 대한 만족도가 높았던 시점이 있었다면, 그때의 상황은 어땠나요?
- 현재 업무에서 가장 큰 불만족을 주는 부분은 어떤 점인가요?
- 업무에서 만족도를 높이기 위해 개선되었으면 하는 점이 있다면 무엇인가요?
- 현재 업무가 본인의 장점이나 강점을 충분히 발휘하게 해준다고 느끼시나요?

03. 동기 부여를 위한 선택지 탐색 질문
- 업무에서 더 큰 동기를 느끼기 위해 시도해 보고 싶은 새로운 방법이 있나요?
- 동기 부여를 위해 업무에서 변화가 필요한 부분이 있다면 무엇일까요?
- 현재 업무에 더 많은 의미를 부여하기 위해 어떤 부분을 강화해 보고 싶으신가요?
- 업무의 동기를 높이기 위해 다른 방식으로 접근해 볼 수 있는 부분이 있을까요?
- 본인의 경력 목표와 연결될 수 있는 더 큰 역할이나 책임을 맡아보고 싶으신게 있다면 무엇인가요?

04. 업무 만족도를 높이기 위한 선택지 탐색 질문
- 업무 만족도를 높이기 위해 새롭게 시도해 보고 싶은 것이 있다면 무엇인가요?
- 업무에서 만족감을 높일 수 있는 추가적인 지원이나 자원이 있다면 어떤 것이 필요할까요?
- 만족도를 높이기 위해 동료나 팀과의 협업 방식을 바꿔 볼 수 있는 부분이 있을까요?
- 업무 중 특히 보람을 느낄 수 있는 프로젝트나 과제를 맡아보고 싶으신가요?
- 일의 만족도를 높이기 위해 더 많이 배우고 싶은 부분이나 스킬이 있나요?

05. 동기 상태를 개선하기 위한 실행 계획 설정 질문
- 오늘 논의한 방안 중에서 동기 부여를 위해 바로 실행해 보고 싶은 첫 번째 단계는 무엇인가요?
- 다음 주 내에 동기를 높이기 위해 시도해 볼 수 있는 구체적인 행동은 무엇인가요?

- 동기 상태를 개선하기 위해 매일 또는 매주 실천할 수 있는 작은 습관이 있을까요?
- 이 실행 계획을 통해 본인이 기대하는 변화를 구체적으로 알려 주세요.
- 다음 1on1 미팅 전까지 동기 부여를 위해 어떤 변화가 있기를 바라시나요?

06. 업무 만족도를 높이기 위한 실행 계획 설정 질문
- 업무 만족도를 높이기 위해 당장 시작할 수 있는 작은 변화를 찾아볼까요?
- 오늘 논의한 중에서 업무 만족도를 높이는 데 도움이 될 것 같은 첫 단계는 무엇인가요?
- 일의 만족도를 높이기 위해 추가로 필요한 지원이 있다면 어떤 부분을 요청하고 싶으신가요?
- 이 실행 계획을 통해 만족도 변화에 어떤 성과를 기대하시는지 알려주세요.
- 이번 실행 계획을 통해 만족감을 높일 수 있는 실질적인 변화를 얻고자 하는 부분은 무엇인가요?

4) 동기 부여와 업무몰입
「업무 몰입」

- 업무에 몰입할 수 있는 환경이 마련되면 더 좋은 성과를 낼 수 있죠. 요즘 업무 몰입도는 어떠신가요?
- 업무에 몰입하는 것은 일의 성과뿐만 아니라 업무 만족도에도 큰 영향을 미치죠. 오늘은 업무 몰입에 관해 이야기 나눠 보고 싶습니다.
- 몰입 상태에서 일하면 더 큰 성취감을 느낄 수 있죠. 현재 업무 몰입이 잘 되고 있는지, 개선할 부분이 있는지 이야기 나누면 좋겠습니다.
- 업무 몰입도가 본인의 성과나 만족에 큰 영향을 준다고 생각해요. 오늘 이 시간을 통해 몰입도를 높일 방법을 함께 찾아보면 좋겠습니다.
- 업무에 몰입하면 더 큰 성취감을 느낄 수 있을 거예요. 요즘 몰입도를 높이는 데 필요한 부분이 있는지 점검해 보고 싶습니다.
- 업무에 몰입할 수 있으면 본인의 업무 만족도도 올라갈 텐데요, 그래서 오늘은 업무 몰입에 관해서 이야기 나누고 싶은데 괜찮을까요?
- 몰입을 통해 더 큰 만족감을 얻을 수 있는 방법이 있을지 오늘 함께 찾아보면 좋겠습니다.
- 업무에 몰입할 수 있도록 도움을 드리고 싶어요. 현재 몰입 상태나 필요한 지원에 대해 이야기 나누어 볼까요?
- 업무에 몰입할 수 있는 환경을 만들기 위해 제가 어떤 지원을 드릴 수 있을지 이야기 나누고 싶어요. 괜찮으실까요?

- 몰입도를 높이기 위해 필요한 지원이나 자원이 있는지 이야기 나누어 보고자 하는데, 어떠세요?
- 업무 몰입도를 높이는 것이 더 나은 성과를 위해 중요하다고 생각해요. 필요한 부분이 있으면 오늘 편하게 이야기 나누었으면 합니다.
- 요즘 업무에 얼마나 몰입하고 계신지 궁금합니다. 몰입을 방해하는 요인이 있다면, 그것을 개선할 수 있는 방안도 이야기해 볼까 하는데 괜찮으실까요?
- 몰입 상태에서 일하면 더 큰 보람을 느끼게 되죠. 업무몰입 관련해서 오늘 이야기 나누어 보면 어떨까요?

01. 현재 업무 몰입 상태 파악 질문

- 현재 업무에 대한 몰입도는 어느 정도라고 느끼시나요?
- 최근 업무 중 집중력이 특히 높았던 순간이 있었다면, 그때의 상황은 어땠나요?
- 현재 맡고 있는 업무에서 본인이 가장 몰입감을 느끼는 순간은 언제인가요?
- 업무 중 특히 몰입하기 어려운 부분이나 작업이 있다면 어떤 것인가요?
- 업무 몰입을 방해하는 요인 중, 본인의 통제 범위 밖에 있다고 느끼는 부분은 무엇인가요?
- 몰입이 잘 되지 않는 경우 주로 어떤 이유 때문이라고 생각하시나요?
- 업무 중 몰입이 방해된다고 느끼는 특정한 요인이나 상황이 있나요?
- 몰입 상태일 때와 그렇지 않을 때 본인의 업무 방식이나 성과에서 어떤 차이가 있나요?
- 현재 몰입이 잘 되는 업무와 그렇지 않은 업무가 있다면, 그 차이점은 무엇인가요?

- 최근 업무에서 몰입도가 높았던 순간과 그렇지 않았던 순간이 있다면 어떤 차이가 있었는지 이야기해 주세요.
- 업무 몰입이 잘 되는 순간이 있다면, 그때의 환경이나 조건이 어땠는지 궁금합니다.
- 몰입이 방해된다고 느끼는 상황이나 요인이 있다면 무엇인가요?

02. 업무 몰입에 영향을 미치는 요인 파악 질문
- 현재 맡고 있는 업무의 성격이나 난이도가 몰입에 어떤 영향을 주고 있나요?
- 몰입을 방해하는 불필요한 방해 요소가 있다면 어떤 것인가요?
- 현재 업무 환경이 본인의 몰입도를 높이는 데 얼마나 도움이 된다고 생각하시나요?
- 업무 중 외부 요인(예: 소음, 방해 등)으로 인해 몰입이 방해될 때가 있나요?
- 업무량이나 일의 난이도가 몰입에 어떤 영향을 미친다고 느끼시나요?
- 팀원이나 상사의 피드백이 본인의 몰입에 어떤 영향을 미친다고 생각 하시나요?
- 업무 중 다양한 업무를 동시에 해야 할 때 몰입에 방해가 된다고 느끼시나요?
- 업무에 몰입하기 어려운 이유가 본인의 업무 역량이나 스킬과 관련이 있다고 느끼시나요?
- 몰입도가 떨어진다고 느낄 때 본인의 감정 상태나 신체적 상태는 어떤가요?
- 업무를 진행할 때 몰입이 잘 되는 특정 유형의 작업이나 프로젝트가 있나요?
- 업무 중 몰입도를 높이기 위해 본인이 중요하게 여기는 환경적 요소가 있다면 무엇인가요?

03. 업무 몰입도를 높이기 위한 선택지 탐색 질문
- 업무 몰입도를 높이기 위해 시도해 보고 싶은 새로운 접근 방식이 있나요?
- 몰입을 방해하는 요소를 줄이기 위해 업무 환경을 어떻게 바꿀 수 있을까요?
- 몰입 상태를 더 자주 경험하기 위해 일정이나 업무 배분에서 조정할 수 있는 부분이 있을까요?
- 업무 중 몰입을 유지하기 위해 사용할 수 있는 특정 기술이나 방법이 있을까요? (예: 타이머 사용, 휴식 등)
- 몰입도를 높이기 위해 업무 외에 본인이 신경 쓰고 싶은 부분이 있다면 무엇인가요? (예: 운동, 수면 등)

04. 동료나 팀과 협력하여 몰입도를 높일 방법 탐색 질문
- 몰입도를 높이기 위해 동료나 팀과 협력할 수 있는 방법이 있다면 무엇일까요?
- 몰입도를 방해하는 외부 요인을 줄이기 위해 팀 내에서 필요한 지원이 있을까요?
- 업무 몰입을 위해 다른 팀원들과의 협업 방식을 개선할 부분이 있다고 생각하시나요?
- 업무 몰입을 높이기 위해 상사나 팀원들로부터 추가적인 피드백이 필요하다고 느끼시나요?
- 몰입도를 높이기 위해 팀 차원에서 조정할 수 있는 부분이 있다면 어떤 것이 있을까요?

05. 업무 몰입을 위한 구체적인 실행 계획 설정 질문

- 오늘 논의한 내용 중에서 업무 몰입도를 높이기 위해 바로 실천할 수 있는 첫 번째 단계는 무엇인가요?
- 몰입도를 높이기 위해 다음 주에 시도해 보고 싶은 구체적인 행동이나 변화를 설정해 볼까요?
- 몰입 상태를 유지하기 위해 일상적으로 실천하고 싶은 습관이나 활동이 있나요?
- 다음 1on1 미팅 전까지 몰입도를 높이기 위해 목표로 삼고 싶은 변화가 있나요?
- 몰입도를 높이는 성과를 어떻게 추적하고, 필요 시 조정할 계획이 있으신가요?

06. 필요한 지원과 실행 의지 확인 질문

- 이 계획을 실천하면서 예상되는 어려움이 있다면 어떤 점이 있을까요? 제가 지원할 수 있는 부분이 있을까요?
- 업무 몰입을 위해 필요하다고 느끼는 추가적인 자원이나 정보가 있다면 무엇인가요?
- 실행 계획을 실천하면서 몰입을 유지할 수 있도록 지속적인 지원이 필요하신가요?
- 업무 몰입도를 높이기 위해 어떤 방식으로 도움을 받을 수 있다면 좋겠다고 생각하시나요?
- 이번 실행 계획을 통해 몰입도를 높이기 위한 구체적인 성과나 변화를 얻고자 하는 부분은 무엇인가요?

4) 동기 부여와 업무몰입
「직무만족도 높이기」

- 직무 만족도는 팀원 개개인의 성과와 성장에 큰 영향을 미친다고 생각해요. 현재 맡고 계신 직무에 대해 어떻게 느끼시는지 궁금합니다.
- 직무 만족도가 높아지면 더 큰 성취감을 느끼실 수 있을 텐데요, 오늘은 그 부분에 대해 함께 점검해 보고자 해요.
- 직무에서 더 많은 만족을 얻으시면 업무 효율도 높아질 수 있을 거라고 생각해요. 요즘 맡고 계시는 직무에서 만족감을 얼마나 느끼고 계신가요?
- 직무 만족도는 본인의 커리어와 일상의 행복에도 중요한 영향을 미친다고 생각해요. 요즘 느끼는 직무만족도에 대해 이야기 나누면 어떨까요?
- 본인이 맡고 있는 직무에 대한 만족도가 팀 분위기와 본인의 성과에 큰 영향을 준다고 생각해요. 오늘 그 부분을 함께 이야기 나눠볼까 하는데 괜찮으실까요?
- 직무에서 더 큰 만족감을 얻을 수 있도록 돕고 싶어요. 요즘 맡고 계신 역할에 대해 솔직하게 얘기 나눌 수 있는 시간이면 좋겠습니다.
- 직무 만족도를 높이는 데 제가 필요한 지원을 드릴 수 있을지 알면 좋을 것 같아요! 어떠신가요?
- 현재 맡고 계신 역할에 만족감을 높일 수 있는 방법이 있을지 함께 찾아보려고 해요. 어떠세요?
- 직무 만족도를 높이는 것은 장기적으로 본인에게도 중요한 부분이죠. 현재 역할에서의 만족 상태와 필요한 지원과 관련해서 이야기 나누고 싶은데 괜찮으실까요?

- 직무에서 더 큰 만족감을 얻으면 일과 삶 모두에서 긍정적인 변화가 있을 거라고 생각해요. 현재의 직무 만족도에 대해 이야기 나누어도 괜찮으실까요?
- 직무 만족도가 높아지면 업무 성과와 동기 부여에도 좋은 영향을 미칠 텐데요, 그래서 직무만족도 관련해서 이야기 나누면 어떨까요?
- 직무에서 더 큰 만족감을 얻으신다면 본인에게도 긍정적인 변화가 있을 거예요. 어떤 부분이 현재 만족도에 영향을 주고 있는지 이야기 나눠보고 싶은데 어떠세요?
- 직무 만족도가 높아지면 개인적으로나 팀적으로도 더 큰 성과를 낼 수 있을 거라 생각해요. 오늘은 직무 만족도 관련해서 이야기 나누면 어떨까요?
- 직무에서 만족감을 느낄 수 있으면 일하는 방식도 더 긍정적으로 변할 수 있을 것 같아요! 직무만족도 관련해서 이야기 나누어 볼까요?

직무(job)는 직원의 역할이나 책임에 따라 정의된 특정 역할과 그에 따른 책임을 의미합니다. 다시 말해, 직무는 특정 직위나 직급에 속하는 사람이 수행해야 하는 주요 역할과 책임을 말합니다. 예를 들어, "마케팅 매니저"의 직무에는 시장 조사, 마케팅 전략 수립, 성과 분석 등이 포함됩니다.

업무(task)는 직무를 수행하기 위해 실질적으로 행하는 개별적인 작업이나 과제를 의미합니다. 업무는 일상적으로 처리해야 하는 구체적인 일이나 과제이며, 회사의 목표나 프로젝트에 따라 자주 변동될 수 있습니다. 예를 들어, "마케팅 매니저"의 업무는 일상적인 SNS 콘텐츠 기획, 캠페인 자료 준비, 보고서 작성, 이메일 답변, 회의 준비 등이 될 수 있습니다.

01. 직무 만족도 향상을 위한 목표 설정 질문
- 현재 역할을 통해 성취하고 싶은 중요한 목표가 있나요?
- 현재 맡고 계신 직무에서 더 큰 만족감을 얻기 위해 이루고 싶은 목표가 있다면 무엇인가요?
- 직무에서 더 큰 보람이나 의미를 느끼기 위해 어떤 부분에 집중하고 싶으신가요?
- 지금의 직무에서 본인이 성취하고자 하는 최종목표는 무엇인가요?
- 직무 만족도를 높이기 위해 개선하거나 추가하고 싶은 부분이 있다면 무엇인가요?

02. 직무 만족의 중요성 인식 질문
- 현재 맡고 계신 직무에서 만족도가 높아지면, 본인의 성과나 성장에 어떤 영향을 미칠 것 같나요?
- 직무에서 더 큰 만족감을 느끼면 본인뿐만 아니라 팀 전체에 어떤 긍정적인 변화가 있을까요?
- 직무 만족이 본인의 커리어 목표나 장기적인 계획에 얼마나 중요한지 말씀해 주실 수 있나요?
- 현재 직무가 본인의 장점과 역량을 발휘하는 데 얼마나 중요한 역할을 하고 있다고 느끼시나요?
- 직무 만족도가 높아지면 업무 성과에 어떤 변화를 기대하실 수 있을까요?

03. 현재 직무 만족 상태 파악 질문
- 현재 맡고 있는 직무에 대한 만족도는 어느 정도라고 느끼시나요?
- 현재 직무에서 가장 만족스러운 부분은 무엇이라고 생각하시나요?
- 직무에서 아쉬움이나 불만족을 느끼는 부분이 있다면 어떤 점인가요?

- 직무 만족도가 높았던 경험이 있다면, 그 당시의 상황은 어땠나요?
- 현재 직무에서 만족도를 낮추는 주요 요인은 무엇이라고 생각하시나요?

04. 직무 만족에 영향을 미치는 요인 파악 질문
- 현재 직무에서 본인이 기대했던 역할과 실제 역할 간 차이가 있나요?
- 직무의 책임과 역할이 본인의 역량 발휘에 어떤 영향을 미치고 있나요?
- 직무 수행 시 동료와의 협업이나 팀의 지원이 만족도에 어떤 영향을 미치고 있나요?
- 현재 직무가 본인의 경력 목표와 얼마나 일치한다고 느끼시나요?
- 직무에서 만족도를 방해하는 특정 요인이나 상황이 있다면 말씀해 주실 수 있나요?

05. 직무 만족도를 높이기 위한 선택지 탐색 질문
- 현재 직무에서 만족감을 높이기 위해 어떤 변화를 시도해 보고 싶으신가요?
- 직무에서 더 큰 의미를 느끼기 위해 추가적으로 배우고 싶은 스킬이나 지식이 있으신가요?
- 직무 만족도를 높이기 위해 업무 방식이나 역할 분담에서 조정할 수 있는 부분이 있을까요?
- 본인이 맡고 있는 직무에서 더 높은 성취감을 얻기 위해 필요하다고 느끼는 자원이 있다면 무엇인가요?
- 현재 직무가 더욱 흥미롭게 느껴지기 위해 어떤 도전 과제나 프로젝트를 추가해 보고 싶으신가요?
- 직무 만족도를 높이기 위해 팀원들과 협력할 수 있는 방법이 있을까요?
- 직무 만족도를 높이기 위해 팀 내에서 조정할 수 있는 부분이 있다면 무엇인가요?

06. 직무 만족도를 높이기 위한 구체적인 실행 계획 설정 질문
- 오늘 논의한 내용 중 직무 만족도를 높이기 위해 당장 실천할 수 있는 첫 번째 단계는 무엇인가요?
- 다음 주에 직무 만족도를 높이기 위해 구체적으로 시도해 보고 싶은 변화나 행동이 있다면 무엇인가요?
- 직무 만족도를 높이기 위해 일상적으로 실천할 수 있는 작은 습관이나 목표가 있다면 무엇인가요?
- 다음 1on1 미팅 전까지 직무 만족도를 향상시키기 위해 목표로 삼고 싶은 변화가 있다면 무엇인가요?

07. 필요한 지원과 실행 의지 확인 질문
- 이 계획을 실천하면서 예상되는 어려움이 있다면 어떤 점이 있을까요? 제가 도울 수 있는 부분이 있을까요?
- 직무 만족도를 높이기 위해 필요하다고 느끼는 추가적인 자원이나 정보가 있다면 말씀해 주세요.
- 직무 만족도를 높이기 위한 실행 과정에서 어떤 방식으로 도움을 받으면 좋을까요?

4) 동기 부여와 업무몰입
「일과 삶의 균형(Work & Life Balance) 관리」

- 일과 삶의 균형이 잘 맞을 때 더 큰 에너지와 집중력을 얻을 수 있겠죠. 오늘은 '일과 삶의 균형'에 대해 이야기 나누고 싶은데 어떠세요?
- 일과 삶의 균형이 잘 이루어지면 본인의 성과와 행복에도 긍정적인 변화가 있을 거예요. 균형을 유지하는 데 도움이 되는 방법을 고민하고 이야기 나누어 보면 어떨까요?
- 균형이 잘 맞을 때 업무에서도 더 많은 만족감을 얻을 수 있겠죠. 현재 일과 삶의 균형 상태를 주제로 하고 싶은데 어떠세요?
- 일과 삶의 균형이 잘 이루어지면 팀 전체 분위기에도 긍정적인 영향을 미친다고 생각해요. 요즘 균형이 잘 유지되고 있는지 '일과 삶의 균형'에 대해 이야기 나누고 싶은데 괜찮으실까요?
- 일과 삶의 균형을 맞추는 것이 본인의 행복과 업무 성과에 중요한 부분이죠. 오늘은 '일과 삶의 균형'에 대해 이야기 나누어볼까 하는데 어떠세요?
- 일과 삶의 균형이 잘 맞을 때, 더 큰 성취감과 만족을 느낄 수 있죠. 요즘 균형을 잘 유지하고 계신지 궁금합니다.
- 일과 삶의 균형은 개인의 행복뿐만 아니라 업무 성과에도 중요한 영향을 미친다고 생각해요. 현재 일과 삶의 균형 상태가 어떠세요?
- 일상과 업무가 조화롭게 유지되면 더 큰 동기와 에너지를 얻을 수 있겠죠. 요즘 균형을 유지하는 게 어떠신가요?

- 일과 삶이 균형을 이루면 직장 생활과 개인 생활 모두에서 더 큰 만족을 느낄 수 있을 거라 생각해요. 요즘 균형이 잘 이루어지고 계시나요?
- 일과 삶의 균형은 본인의 건강과 행복을 위해 중요한 부분이에요. 현재 균형이 잘 맞고 있는지 함께 이야기 나누어 볼까요?
- 일과 삶의 균형은 사람마다 다르게 느껴질 수 있죠. 현재 본인이 느끼는 균형 상태는 어떠신가요?
- 현재 업무와 개인 생활 간의 균형을 어떻게 느끼고 계신지 궁금합니다. 어떠세요?
- 일과 삶의 균형을 맞추는 데 어려움을 느끼는 부분이 있다면 알려 주세요. 함께 해결 방안을 찾아보면 좋겠습니다.
- 현재 일과 삶의 균형이 잘 유지되고 있는지 이야기 나누고 싶은데, 괜찮으실까요?

01. 현재 일과 삶의 균형 상태 파악 질문

- 현재 일과 삶의 균형 만족도를 10점 만점으로 한다면 몇 점이신가요?
- 현재 업무와 개인 생활 간의 균형이 잘 맞고 있다고 느끼시나요?
- 요즘 일과 삶의 균형을 맞추는 데 가장 큰 어려움은 무엇이라고 생각하시나요?
- 현재 일상에서 균형을 방해하는 요소가 있다면 무엇이라고 생각하시나요?
- 일과 삶의 균형이 잘 맞았다고 느낀 적이 있다면, 그때의 상황은 어땠나요?
- 일과 삶의 균형이 잘 맞지 않는다고 느낄 때 주로 어떤 이유가 있는지 말씀해 주세요.

02. 일과 삶의 균형에 영향을 미치는 요인 파악 질문
- 현재 업무 환경이 일과 삶의 균형을 맞추는 데 어떤 영향을 미친다고 느끼시나요?
- 업무로 인해 개인 생활에 영향을 준다고 느끼는 부분이 있다면 무엇인가요?
- 일과 삶의 균형을 유지하는 데 방해가 되는 특정 요소나 상황이 있다면 알려주세요.
- 일과 삶의 균형이 무너졌다고 느낄 때 본인의 신체적 또는 정신적 상태는 어떠신가요?
- 현재 일과 삶의 균형을 맞추는 데 본인이 통제할 수 있는 부분과 그렇지 않은 부분은 무엇인가요?

03. 일과 삶의 균형을 위한 목표 설정 질문
- 현재 일과 삶의 균형을 잘 유지하기 위해 가장 중요한 목표는 무엇이라고 생각하시나요?
- 일과 삶의 균형을 잘 맞추기 위해 이루고 싶은 목표가 있다면 무엇인가요?
- 일과 삶의 균형이 맞춰졌을 때 본인이 기대하는 긍정적인 변화는 무엇인가요?
- 균형을 맞춤으로써 개인적으로나 직업적으로 얻고자 하는 최종 목표는 어떤 모습인가요?
- 일과 삶의 균형을 잘 유지하기 위해 본인이 집중하고 싶은 부분은 무엇인가요?

04. 일과 삶의 균형의 중요성 인식 질문
- 일과 삶의 균형을 맞추는 것이 본인의 성과와 행복에 얼마나 중요한 영향을 준다고 느끼시나요?
- 일과 삶의 균형이 잘 맞으면 본인의 업무 성과나 개인 생활에 어떤 긍정적인 변화를 가져올 수 있을까요?
- 균형을 유지했을 때 본인에게 줄 수 있는 이점은 무엇이라고 생각 하시나요?
- 일과 삶의 균형이 맞춰졌을 때 직업적인 성취 외에 개인적으로 얻을 수 있는 부분이 있다면 무엇인가요?
- 일과 삶의 균형이 본인의 삶의 질에 미치는 중요성에 대해 어떻게 생각하시나요?

05. 일과 삶의 균형을 맞추기 위한 선택지 탐색 질문
- 현재 일과 삶의 균형을 맞추기 위해 시도해 보고 싶은 변화나 새로운 방식이 있나요?
- 균형을 유지하기 위해 일상에서 새롭게 추가해 보고 싶은 습관이나 활동이 있으신가요?
- 업무 중 균형을 맞추기 위해 조정할 수 있는 부분이 있다면 어떤 것이 있을까요?
- 일과 삶의 균형을 유지하기 위해 도움이 될 만한 자원이 필요하다면 무엇이 있을까요?
- 균형을 맞추기 위해 다른 방식으로 접근해 보고 싶은 부분이 있다면 무엇인가요?
- 일과 삶의 균형을 유지하기 위해 동료나 팀과 협력할 수 있는 방법이 있을까요?

- 업무에서 더 나은 균형을 유지하기 위해 상사나 팀원들로부터 필요한 지원이 있다면 무엇인가요?
- 균형을 유지하기 위해 회사나 팀 차원에서 추가로 필요한 자원이 있다면 말씀해 주세요.
- 현재 균형을 맞추기 위해 시도해 볼 수 있는 작은 것이 있다면?

06. 일과 삶의 균형을 위한 구체적인 실행 계획 설정 질문
    - 오늘 논의한 내용 중에서 일과 삶의 균형을 맞추기 위해 바로 실천할 수 있는 첫 번째 단계는 무엇인가요?
    - 다음 주 내에 일과 삶의 균형을 맞추기 위해 구체적으로 시도해보고 싶은 변화가 있다면 무엇인가요?
    - 일과 삶의 균형을 맞추기 위해 일상적으로 실천할 수 있는 작은 습관이나 목표가 있을까요?
    - 다음 1on1 미팅 전까지 균형을 맞추기 위해 목표로 삼고 싶은 변화가 있다면 무엇인가요?

07. 필요한 지원과 실행 의지 확인 질문
    - 이 계획을 실천하면서 예상되는 어려움이 있다면 어떤 점이 있을까요? 제가 지원할 수 있는 부분이 있을까요?
    - 일과 삶의 균형을 유지하기 위해 필요하다고 느끼는 추가적인 자원이나 정보가 있다면 무엇인가요?
    - 일과 삶의 균형을 맞추기 위한 실행 과정에서 어떤 방식으로 누구의 도움을 받으면 좋을까요?

5) 역량 강화와 학습 기회
「새로운 스킬이나 지식 습득에 대한 관심 분야」

- 개인 역량을 강화하는 것은 본인의 성장과 커리어에 큰 도움이 되죠. 오늘 주제로 '개인 역량 강화'로 해도 될까요?
- 본인의 역량을 키우면 더 많은 기회가 생길 수 있을 거예요. 현재 역량 강화를 위해 필요한 부분에 대해 이야기 나누고 싶은데 어떠세요?
- 역량을 강화하면 더 큰 성취감을 느낄 수 있을 거라고 생각해요. '역량 강화' 관련해서 이야기 나누어도 될까요?
- 개인 역량을 발전시키면 업무 만족도와 성과에도 긍정적인 변화가 있을 거라 생각해요. 강화하고 싶은 능력이나 기술에 대해 이야기 나누어보면 어떨까요?
- 본인이 강화하고 싶은 역량이 커지면 팀에서도 더 큰 도움을 받을 수 있을 거에요! 오늘 '역량강화를 주제로 이야기 나누어도 될까요?
- 역량 강화가 본인의 성장과 성과에 큰 도움이 될 거라 생각해요. 발전시키고 싶은 부분이 있는지 함께 이야기해 보는 건 어떨까요?
- 자신의 역량을 발전시키면 더 큰 성취감과 보람을 느낄 수 있을 거예요. 역량강화 관련한 주제로 이야기 나누는 거 어떠서요?
- 역량 강화는 개인의 성장뿐만 아니라 팀에도 긍정적인 영향을 준다고 생각해요. 오늘 역량에 대해 이야기 나누어도 될까요?
- 본인의 강점이나 스킬을 더욱 발전시키면 업무에서 더 큰 만족을 수 있을 거에요. 요즘 성장하고 싶은 부분이나 키우고 싶은 역량에 관해 이야기 나누고 싶은데, 어떠세요?

- 자신의 역량을 키우는 것은 장기적으로 큰 도움이 됩니다. 더 발전시키고 싶은 능력이나 기술관련해서 이야기 나눠보면 어떨까요?
- 업무에서 더 큰 성취감을 느끼기 위해 배우고 싶은 스킬이나 지식과 관련해서 이야기 나누고 싶은데 괜찮으실까요?
- 현재 역할에서 강화하고 싶은 스킬이나 더 깊이 배우고 싶은 지식이 있는지 함께 이야기해 보면 좋을 것 같은데 어떠세요?

01. **새로운 스킬이나 지식 습득을 위한 목표 설정 질문**
    - 현재 업무나 커리어 발전을 위해 배우고 싶은 새로운 스킬이나 지식은 무엇인가요?
    - 이 스킬이나 지식을 습득하면 본인의 직무에 어떤 변화를 기대 하시나요?
    - 스킬이나 지식을 쌓아 이루고 싶은 구체적인 목표는 무엇인가요?
    - 이 스킬을 습득하여 본인이 성장하고자 하는 방향은 어떤 모습인가요?
    - 새로운 스킬 습득을 통해 궁극적으로 얻고자 하는 성취나 목표는 무엇인가요?

02. **학습의 중요성 인식 질문**
    - 새로운 스킬이나 지식을 배우는 것이 본인에게 얼마나 중요한 일인가요?
    - 이 스킬이나 지식을 습득했을 때 업무 성과나 만족도에 어떤 변화가 있을 거라 생각하시나요?
    - 현재 역할에서 이 지식이나 스킬이 중요하다고 느끼는 이유는 무엇인가요?
    - 이 스킬 습득이 본인의 장기적인 목표나 커리어 성장에 얼마나 중요한 영향을 미친다고 생각하시나요?
    - 새로운 스킬 습득을 통해 얻고자 하는 성취감이나 의미는 무엇인가요?

03. 재 스킬/지식 수준 및 필요 파악 질문
- 현재 이 스킬이나 지식과 관련해 어느 정도의 역량을 갖추고 있다고 생각하시나요?
- 이 스킬이 현재 역할이나 성과에 어느 정도 영향을 미친다고 느끼시나요?
- 현재 이 스킬을 충분히 갖추지 못했다고 느끼는 이유는 무엇인가요?
- 이 스킬을 이미 어느 정도 배우셨다면, 지금까지 습득한 부분이 어떤 도움이 되었나요?
- 이 스킬이나 지식을 충분히 갖추지 못해 어려움을 겪은 상황이 있다면 언제인가요?

04. 스킬/지식 습득에 영향을 미치는 요인 파악 질문
- 새로운 스킬 습득에 있어 가장 큰 도전 요소는 무엇이라고 생각하시나요?
- 현재 이 스킬이나 지식을 배우기 어려운 이유가 있다면 무엇인가요?
- 이 스킬이나 지식을 배우기 위해 가장 필요한 자원이 있다면 무엇인가요?
- 현재 이 스킬을 배울 시간을 충분히 확보할 수 있다고 느끼시나요?
- 이 스킬을 배우는 과정에서 지원이 필요하다고 느끼는 부분은 무엇인가요?

05. 새로운 스킬이나 지식을 습득하기 위한 선택지 탐색 질문
- 이 스킬이나 지식을 배우기 위해 어떤 방법을 시도해 보고 싶으신가요? (예: 강의, 책, 멘토링 등)
- 이 스킬을 습득하기 위해 어떤 방식의 학습이 효과적이라고 느끼시나요?
- 배우고 싶은 스킬이나 지식을 효과적으로 습득할 수 있는 자료나 정보는 무엇인가요?
- 이 스킬을 배우기 위해 시간이 허락한다면 추가적으로 활용해 보고 싶은 학습 방법이 있나요?

- 본인이 선호하는 학습 방법 외에 새로운 시도를 해 보고 싶은 방식이 있다면 어떤 것이 있을까요?

06. 다양한 지원과 자원을 활용하는 방법 탐색 질문
- 새로운 스킬 습득을 위해 동료나 팀에서 지원할 수 있는 부분이 있다면 무엇일까요?
- 이 스킬을 배우기 위해 필요한 자료나 훈련 기회가 있다면 무엇인가요?
- 업무 중에 학습을 병행하기 위해 시간 관리나 일정 조정이 필요하다고 느끼시나요?
- 학습 목표를 이루기 위해 제가 지원할 수 있는 부분이 있다면 어떤 도움이 필요하실까요?
- 외부에서 교육이나 코칭 기회를 활용하는 것이 이 스킬 습득에 도움이 될 수 있을까요?

07. 새로운 스킬/지식 습득을 위한 구체적인 실행 계획 설정 질문
- 오늘 논의한 내용 중에서 당장 실천해 보고 싶은 학습 방법이나 계획이 있다면 무엇인가요?
- 다음 주까지 이 스킬을 습득하기 위해 시도해 보고 싶은 구체적인 방법이나 변화는 무엇인가요?
- 학습을 실천하면서 일상적으로 꾸준히 이어나갈 작은 습관이나 목표가 있다면 무엇인가요?
- 다음 1on1 미팅 전까지 이 스킬을 익히기 위한 구체적인 목표를 세워 보시면 좋을 것 같아요. 어떤 목표를 세우고 싶으신가요?

08. 필요한 지원과 실행 의지 확인 질문

- 이 계획을 실천하면서 예상되는 어려움이 있다면 어떤 점이 있을까요? 제가 지원할 수 있는 부분이 있을까요?
- 새로운 스킬 습득을 위해 필요하다고 느끼는 추가적인 자원이나 자료가 있다면 말씀해 주세요.
- 실행 계획을 실천하는 동안 동기 부여를 위해 필요한 지원이 있으신가요?
- 학습을 이어나가기 위해 누구에게 어떤 방식으로 도움을 받을 수 있을까요?
- 이번 실행 계획을 통해 구체적으로 기대하고 계신 부분이 있다면 무엇인가요?

**['학습하고 싶은 지식이나 스킬이 있으신가요?' 물었는데,
'딱히 없어요!'라고 한다면?]**

- 업무와 직접적으로 관련이 없더라도 개인적으로 흥미가 가는 분야나 배우고 싶은 주제가 있으신가요?
- 최근에 관심이 갔던 주제나, 배워보면 재미있겠다고 생각한 기술이나 지식이 있으신가요?
- 현재 맡고 있는 역할에서 가장 자주 사용되는 스킬이나 지식은 무엇인가요? 그 부분에서 더 배우거나 향상시키고 싶은 점이 있으신가요?
- 현재 업무를 수행하면서 조금 더 잘할 수 있겠다고 느끼는 부분이 있다면 어떤 점인가요?
- 일상적인 업무를 더 효율적으로 해내기 위해 필요한 기술이나 지식이 있다면 어떤 것이 도움이 될까요?
- 업무 중에 반복적으로 어려움을 느끼거나 시간이 많이 소요되는 부분이 있다면, 그 부분을 개선할 수 있는 기술이나 방법이 있을까요?
- 작업 속도를 높이거나 실수를 줄이는 데 도움이 될 만한 스킬이나 툴을 새로 배운다면 본인에게 유익할까요?
- 현재 맡고 있는 업무에서 효율성을 높이기 위해 개선하고 싶은 부분이 있다면, 그와 관련한 스킬이 있을까요?
- 팀 내에서 필요한 스킬 중 다른 팀원들이 갖춘 역량 중에서 새롭게 익혀 보고 싶은 부분이 있을까요?
- 지금 역할을 해나가면서 평소에 더 편리하게 느낄 수 있도록 도와줄 기술이나 지식이 있다면 어떤 게 있을까요?

- 앞으로 커리어를 쌓아 나가면서 확장하고 싶은 부분이나 관심이 가는 분야가 있으신가요? 그 분야와 관련된 지식이나 스킬을 미리 익혀 두면 도움이 될 수 있을 것 같습니다.
- 향후 본인이 관심 있는 직무나 직책을 생각했을 때, 지금부터 조금씩 준비하고 싶은 부분이 있으신가요?
- 현재 역할뿐 아니라 장기적인 커리어 발전을 위해 추가적으로 쌓으면 좋을 것 같은 역량이 있다면 무엇이 있을까요?
- 지금은 필요하지 않더라도 앞으로의 경력을 생각할 때 도움이 될 만한 스킬이 무엇일지 생각해 보신 적이 있으신가요?
- 앞으로 1년 동안 배우고 싶은 한 가지가 있다면, 본인이 어떤 주제를 선택할 것 같으신가요?
- 팀의 목표를 달성하는 데 있어 본인의 역할에서 추가적으로 기여하고 싶은 부분이 있으신가요? 그와 관련된 지식이나 스킬이 필요할까요?
- 현재 팀 프로젝트에 도움이 될 수 있는 추가적인 스킬이 있다면, 무엇이 유익할 것 같나요?
- 다른 팀원들이 가진 역량 중 본인에게 도움이 되거나 배우고 싶은 점이 있다면 어떤 부분인가요?

5) 역량 강화와 학습 기회
「성장에 대한 자기인식」

- 성장은 우리 모두에게 중요한 부분이에요. 오늘은 본인이 성장에 대해 스스로 어떻게 느끼고 계신지 이야기 나눠보고, 필요한 지원이 있다면 함께 찾는 자리가 되었으면 합니다.
- 오늘 1on1에서는 '성장'이라는 중요한 주제를 다뤄보고 싶어요. 스스로 생각하는 성장 방향이나 필요에 대해 이야기 나누고, 제가 도울 수 있는 부분이 있다면 함께 논의해 보고자 합니다.
- 본인의 성장에 대해 스스로 어떻게 생각하고 계신지 이야기할 수 있는 시간을 가지면 좋겠습니다. 성장에 필요한 부분이 있다면 제가 지원할 수 있는 방향도 찾아볼게요.
- 성장은 우리의 발전에 꼭 필요한 요소이기에, 오늘은 본인이 현재 느끼는 성장 상태와 앞으로 나아가고 싶은 방향에 대해 이야기하는 시간을 가지려고 하는데 괜찮을까요?
- 오늘 1on1에서는 본인의 성장이 어느 방향으로 나아가고 있는지, 그리고 더 필요한 부분이 있는지 함께 점검하는 시간이 되었으면 하는데 어떠세요?
- 성장에 대한 자기인식을 가지고 자신의 방향을 설정하는 것은 매우 중요합니다. 오늘은 본인의 성장을 어떻게 바라보고 있는지 나누고, 필요한 지원을 찾는 자리가 되었으면 해요.
- 오늘 1on1에서는 본인의 성장에 대한 생각과 목표를 이야기하고, 이를 위한 실질적인 방안을 함께 논의해 보고자 합니다. 괜찮으실까요?

- 성장은 우리가 더 나은 성과와 성취를 이루기 위해 필수적이죠. 오늘은 본인이 느끼는 성장 상태와 더 이루고 싶은 목표에 대해 이야기 해 보고, 필요한 부분을 함께 고민해 보면 좋을 것 같아요!
- 오늘은 본인의 성장이 어느 방향으로 나아가고 있는지, 그에 대한 생각과 필요를 이야기할 수 있는 자리로 만들고 싶습니다. 필요한 지원도 함께 고민해 보면 좋을 것 같아요! 어때요?
- 성장에 대한 자기인식을 가지면 더 큰 목표를 향해 나아갈 수 있습니다. 오늘은 본인이 바라보는 성장 방향과 필요한 지원이 무엇인지 함께 이야기해 보는 시간이면 좋겠는데 어떠신지요?
- 오늘 1on1에서는 본인의 성장에 대해 돌아보며, 더 필요한 부분이나 지원이 있는지 함께 찾는 자리가 되었으면 합니다. 성장 목표나 방향도 자유롭게 나누는 시간이면 좋을 것 같아요! 괜찮으실까요?

01. 성장에 대한 목표 설정 질문
- 현재 본인이 이루고자 하는 가장 큰 성장 목표는 무엇인가요?
- 성장을 통해 본인의 역할이나 커리어에서 어떤 변화를 기대하시나요?
- 성장함으로써 본인이 이루고자 하는 최종적인 모습은 어떤 것인가요?
- 본인이 성장을 통해 달성하고자 하는 구체적인 목표가 있다면 무엇인가요?
- 현재 맡은 역할에서 스스로 성장하고 싶은 부분이 있다면 어떤 점인가요?

02. 성장의 중요성 인식 질문
- 본인의 성장이 현재 직무나 장기적인 커리어에 얼마나 중요한 영향을 미친다고 생각하시나요?
- 성장을 통해 직무나 성과에서 얻고자 하는 긍정적인 변화는 무엇인가요?

- 본인의 성장 목표가 본인의 커리어에 얼마나 중요한지 어떻게 느끼시나요?
- 성장을 통해 본인이 얻고자 하는 의미나 성취감은 어떤 것인가요?
- 현재 본인이 느끼는 성장이 개인적으로 어떤 의미가 있는지 말씀해 주세요.

03. 현재 성장 상태에 대한 자기 인식 파악 질문
- 현재 본인이 성장하고 있다고 느끼는 부분이 있다면 무엇인가요?
- 최근 업무에서 성장을 경험한 순간이 있었다면, 그때 어떤 변화가 있었나요?
- 본인의 성장을 방해하고 있다고 느끼는 요인이 있다면 무엇인가요?
- 현재 직무에서 가장 도전적으로 느끼고 있는 부분은 무엇인가요?
- 현재 성장하고 있다고 느끼는 부분과 그렇지 못한 부분이 있다면 각각 어떤 것인가요?

04. 성장에 영향을 미치는 요인 파악 질문
- 성장을 위해 본인이 부족하다고 느끼는 역량이 있나요?
- 현재 성장을 이루기 어려운 이유가 있다면 어떤 부분이 영향을 주고 있나요?
- 성장에 필요한 자원이나 기회가 충분히 주어지고 있다고 느끼시나요?
- 성장을 더 잘 이루기 위해 현재 조정이 필요한 부분이 있다면 무엇인가요?

05. 성장을 위한 선택지 탐색 질문
- 현재 본인의 성장을 위해 시도해 보고 싶은 새로운 방식이나 방법이 있나요?
- 성장을 위해 추가적으로 배우고 싶은 스킬이나 지식이 있으신가요?
- 성장 목표를 위해 필요한 자료나 기회가 있다고 생각하시나요?
- 현재 역할에서 성장을 이루기 위해 활용할 수 있는 구체적인 방법이 있다면 무엇인가요?
- 성장을 이루기 위해 새롭게 시도해 보고 싶은 방안이 있다면 어떤 것이 있나요?

06. 다양한 지원과 자원을 활용하는 방법 탐색 질문
- 성장을 위해 팀 내에서 지원받고 싶은 부분이 있다면 무엇인가요?
- 성장에 도움이 될 만한 자원이나 학습 기회가 있다면 어떤 것들이 필요할까요?
- 업무 중 성장과 학습을 병행하기 위해 필요한 시간 관리 방법이 있으신가요?
- 성장을 위한 학습 과정에서 제가 도울 수 있는 부분이 있다면 어떤 점일까요?
- 외부 교육이나 코칭 프로그램이 본인의 성장에 도움이 될 수 있다고 생각하시나요?

07. 성장을 위한 구체적인 실행 계획 설정 질문
- 오늘 논의한 내용 중에서 본인의 성장을 위해 당장 실천할 수 있는 첫 번째 단계는 무엇인가요?
- 다음 주까지 성장을 위해 시도해 보고 싶은 구체적인 방법이나 목표가 있다면 무엇인가요?
- 성장을 지속하기 위해 일상적으로 실천할 수 있는 작은 습관이나 행동이 있나요?
- 다음 1on1 미팅 전까지 성장을 위해 목표로 삼고 싶은 변화가 있다면 무엇인가요?
- 성장의 성과를 어떻게 추적하고, 필요 시 조정할 계획이 있으신가요?

5) 역량 강화와 학습 기회
「성장을 위한 추가적인 교육이나 훈련 필요 여부」

- 추가적인 교육과 훈련은 본인의 성장에 큰 도움이 될 거라 생각해요. 혹시 듣고 싶은 교육이나 훈련이 있는지 이야기 나누면서, '성장'에 대해 이야기 나누고 싶은데 어떠세요?
- 교육과 훈련은 개인의 성장을 더욱 가속화할 수 있는 좋은 방법이죠. 지속적인 학습을 위해 이야기 나누어보면 어떨까요?
- 본인의 성장을 위해 추가적으로 교육을 받거나 훈련이 필요하다고 느끼시는 부분이 있으실까요? 관련한 내용으로 오늘 주제를 해도 될까요?
- 지속적인 학습은 커리어 발전에 중요한 역할을 합니다. 현재 맡은 역할에서 도움이 될 수 있는 교육이나 훈련관련된 주제로 이야기 나누어도 될까요?
- 성장과 발전을 위해 교육과 훈련을 추가로 받으면 도움이 되실 텐데 오늘 그 쪽 관련한 이야기 어떠세요?
- 추가적인 교육과 훈련이 필요하시다면 적극적으로 지원하고 싶어요. 오늘은 '성장을 위한 교육과 훈련'으로 이야기 나누면 어떨까요?
- 성장을 위해 교육이나 훈련이 필요하다고 느끼시는 것에 이야기 나누고, 지원하는 시간이면 좋겠는데 괜찮으실까요?
- 본인의 역량 강화를 위해 필요한 교육이나 훈련 기회 관련해서 이야기 나누는 거 어때요?
- 교육과 훈련을 통해 성장할 수 있도록 돕고 싶습니다. 오늘 주제로 어떤가요?

- 본인의 성장을 위해 필요한 지원이나 교육이 있을까요? 가능한 방법으로 돕고 싶습니다.
- 추가적인 교육과 훈련이 본인의 성과와 만족도에 긍정적인 변화를 가져올 수 있을 거예요. 필요하다고 생각되는 교육과 관련해서 이야기 나누어도 될까요?
- 추가적인 훈련을 통해 본인이 성장할 수 있는 기회가 있을 것 같아요. 어떤 교육이나 훈련이 필요한지 이야기 나누어 보면 어떨까요?
- 교육과 훈련을 통해 본인의 업무 효율성과 성취감이 더 커질 수 있을 거라 생각해요. 오늘 주제는 '교육과 훈련' 어떠세요?
- 성장을 위한 교육 기회를 통해 새로운 변화를 느낄 수 있으면 좋겠어요. 도움이 될 만한 교육이나 훈련과 관련해서 이야기 나누어 볼까요?

01. 추가적인 교육 및 훈련을 위한 목표 설정 질문
- 본인의 성장이나 목표 달성을 위해 배우고 싶은 추가적인 스킬이나 지식이 있다면 무엇인가요?
- 이 교육이나 훈련을 통해 얻고자 하는 가장 큰 목표는 무엇인가요?
- 이 교육을 통해 본인의 직무 성과에 어떤 변화를 기대하시나요?
- 교육이나 훈련을 통해 장기적으로 성취하고자 하는 목표가 있으신가요?
- 현재 맡고 있는 역할에서 본인이 강화하고 싶은 구체적인 역량이 있다면 어떤 부분인가요?

02. 교육 및 훈련의 중요성 인식 질문
- 추가적인 교육이 본인의 역할 수행이나 커리어에 얼마나 중요한 영향을 미친다고 생각하시나요?
- 교육을 통해 성과에 어떤 긍정적인 변화를 기대하실 수 있을까요?

- 이 스킬이나 지식을 습득하면 본인이 기대하는 발전은 어떤 모습일까요?
- 교육이나 훈련이 본인의 장기적인 성장에 미치는 중요성에 대해 어떻게 생각하시나요?
- 이 교육으로 본인이 성취하고자 하는 구체적인 의미는 무엇인가요?

03. 현재 교육 및 훈련 필요성과 수준 파악 질문
- 현재 본인이 이 역량을 얼마나 갖추고 있다고 느끼시나요?
- 이 교육이나 훈련이 필요하다고 느끼는 이유는 무엇인가요?
- 현재 역할에서 이 교육이 본인의 성과에 얼마나 큰 영향을 미친다고 생각하시나요?
- 현재 이 역량이 부족하다고 느껴진다면, 주로 어떤 부분에서 어려움을 겪으셨나요?
- 이 교육을 통해 채워야 할 부분이 있다면 어떤 점인가요?

04. 교육 및 훈련에 영향을 미치는 요인 파악 질문
- 교육을 받을 때 본인이 가장 큰 어려움을 느끼는 부분이 있다면 무엇인가요?
- 이 교육이나 훈련이 필요하다고 생각하는 이유는 무엇인가요?
- 이 교육을 받는 데 필요한 자원이나 지원이 필요하다고 느끼시나요?
- 업무 일정상 교육에 충분히 시간을 할애할 수 있다고 느끼시나요?
- 이 훈련을 받는 동안 특히 지원이 필요하다고 느끼는 부분이 있다면 어떤 점인가요?

05. 교육 및 훈련을 위한 선택지 탐색 질문
- 이 스킬이나 지식을 배우기 위해 어떤 방식의 교육을 선호하시나요?
  (예: 온라인 강의, 실습, 워크숍 등)
- 이 훈련을 효과적으로 습득할 수 있는 구체적인 자료나 교육 기회가 있나요?

- 이 역량을 강화하기 위해 활용해 보고 싶은 학습 자원이 있다면 무엇인가요?
- 이 스킬을 배우기 위해 어떤 방식의 학습이 도움이 될 거라고 생각하시나요?
- 교육 및 훈련을 위한 다양한 옵션 중 시도해 보고 싶은 방법이 있으신가요?

06. 지원과 자원 활용 방안 탐색 질문

- 교육을 효과적으로 받기 위해 팀이나 동료로부터 지원받고 싶은 부분이 있으신가요?
- 교육을 위해 필요한 추가적인 자료나 기회가 있다면 어떤 것들이 있을까요?
- 본인이 업무와 병행하며 학습을 원활히 하기 위해 필요한 시간 조정이 있으신가요?
- 교육 과정 중에서 팀의 도움을 받을 수 있는 부분이 있다면 무엇이라고 생각하시나요?
- 외부 교육이나 코칭 프로그램이 이 교육과 훈련에 도움이 될 수 있다고 생각하시나요?

07. 교육 및 훈련을 위한 구체적인 실행 계획 설정 질문

- 오늘 논의한 내용 중에서 교육과 훈련을 시작하기 위한 첫 번째 단계는 무엇인가요?
- 다음 주까지 이 교육을 위해 구체적으로 시도해 보고 싶은 방법이 있다면 무엇인가요?
- 이 교육을 꾸준히 이어가기 위해 일상적으로 실천할 수 있는 작은 목표나 습관이 있나요?
- 다음 1on1 미팅 전까지 이 교육을 통해 성취하고 싶은 부분이나 설정할 목표가 있다면 무엇인가요?
- 이 교육의 성과를 어떻게 추적하고, 필요 시 조정할 계획이 있으신가요?

08. 필요한 지원과 실행 의지 확인 질문

- 교육을 실천하면서 예상되는 어려움이 있다면 무엇이 있을까요? 제가 지원할 수 있는 부분이 있을까요?
- 교육을 위해 필요하다고 느끼는 추가적인 자원이나 자료가 있다면 무엇인가요?
- 실행 계획을 진행하면서 동기 부여를 위해 추가적인 지원이 필요하신가요?
- 교육 및 훈련을 진행하는 과정에서 어떤 방식으로 지원받으면 도움이 될까요?
- 이번 교육을 통해 구체적으로 기대하는 성과나 변화를 어떻게 확인해 보고 싶으신가요?

5) 역량 강화와 학습 기회
「프로젝트 참여 기회」

- 오늘 1on1은 본인이 관심을 두고 있는 프로젝트가 있다면 그에 대해 이야기해 보고, 적합한 참여 기회를 찾기 위한 자리입니다. 본인이 기여하고 싶은 분야가 있다면 자유롭게 나누는 자리가 되면 합니다 어떠세요?
- 이번 1on1은 본인이 관심 있는 프로젝트가 있다면 이야기하고, 기여할 수 있는 방안을 함께 논의해 보는 자리로 마련했습니다. 괜찮으실까요?
- 오늘은 본인이 참여해 보고 싶은 프로젝트나 기여하고 싶은 부분이 있다면 편하게 이야기하는 시간으로 했으면 합니다. 어떠세요?
- 오늘 1on1에서는 본인이 관심 있는 프로젝트가 있다면 이를 함께 검토하고, 참여를 위한 구체적인 방안을 찾아가는 시간을 가지려고 합니다.
- 본인이 참여를 원하는 프로젝트가 있다면, 그에 대해 구체적으로 이야기해 보고 필요한 지원을 찾는 자리가 되었으면 합니다. 주제로 괜찮으실까요?
- 이번 1on1은 본인의 관심사를 바탕으로, 기여하고 싶은 프로젝트가 있다면 이를 논의하고 기회를 모색하기 위한 시간이면 하는데, 어떠세요?
- 오늘 1on1에서는 본인이 관심 있는 프로젝트 참여에 대해 이야기하고 필요한 부분이 있다면 지원할 방안을 함께 찾아보는 자리가 되었으면 합니다.
- 이번 1on1의 목적은 본인이 기여하고 싶은 프로젝트를 알아보고, 필요에 따라 참여를 지원할 수 있는 방법을 함께 고민하는 것입니다. 어떠세요?
- 이번 1on1은 본인이 특별히 기여하고 싶은 프로젝트가 있는지 알아보고, 참여를 지원할 방법을 논의했으면 합니다. 어떠세요?

- 오늘은 본인이 관심을 가지고 있는 프로젝트나 분야에 대해 이야기해 보고, 그에 따른 기회가 있는지 함께 찾아보는 자리면 좋겠는데 괜찮으실까요?
- 오늘 1on1의 목적은 본인이 관심을 두고 있는 프로젝트가 있다면 그 방향으로 기여할 기회를 함께 모색하는 것입니다. 참여를 희망하는 프로젝트를 통해 성장하고 발전하면 좋을 것 같아요. 어떠세요?
- 이번 1on1에서는 본인이 관심 있는 프로젝트가 있다면 이를 함께 논의하고, 참여를 위한 실질적인 방안을 찾아보는 자리로 만들면 좋을 것 같아요. 괜찮으실까요?

01. 프로젝트 참여에 대한 목표 설정 질문
- 관심 있는 프로젝트가 있다면 구체적으로 어떤 프로젝트인지, 그리고 그 프로젝트에 참여하고 싶은 이유는 무엇인가요?
- 이 프로젝트에 참여해서 본인이 이루고 싶은 구체적인 목표는 무엇인가요?
- 이 프로젝트에서 얻고자 하는 성과나 경험은 어떤 모습인가요?
- 프로젝트 참여를 통해 달성하고 싶은 최종 목표는 무엇인가요?
- 이 프로젝트에 참여함으로써 본인이 성취하고 싶은 성장 목표가 있다면 무엇인가요?

02. 프로젝트 참여의 중요성 인식 질문
- 이 프로젝트가 본인의 커리어나 역량에 얼마나 중요한 역할을 할 거라 생각하시나요?
- 이 프로젝트 참여가 본인의 성과나 만족도에 어떤 영향을 줄 거라고 예상하시나요?
- 이 프로젝트 참여가 본인에게 특별히 중요한 이유는 무엇인가요?

- 프로젝트에 참여함으로써 본인이 어떤 성장이나 변화를 기대하고 있는지 알려 주세요.
- 이 프로젝트가 본인의 장기적인 목표나 커리어에 어떻게 기여할 거라고 생각하시나요?

03. 현재 상황과 프로젝트 참여 가능성 파악 질문

- 이 프로젝트에 참여하는 데 있어 현재 본인이 어떤 준비가 되어 있고, 부족한 점이 있다면 무엇인가요?
- 현재 본인의 역할에서 이 프로젝트 참여를 위해 조정이 필요한 부분이 있다면 무엇인가요?
- 이 프로젝트가 성공적으로 진행되기 위해 본인이 갖춰야 할 역량이나 준비가 있다면 무엇인가요?
- 이 프로젝트에 참여하기 위해 본인의 상황에서 고려해야 할 현실적인 요인이 있다면 무엇인가요?

04. 프로젝트 참여에 영향을 미치는 요인 파악 질문

- 이 프로젝트에 참여하는 데 있어서 본인이 느끼는 가장 큰 장점이나 기회는 무엇인가요?
- 현재 프로젝트 참여에 있어 어려움을 겪는 부분이 있다면 어떤 점인가요?
- 이 프로젝트 참여에 있어 본인의 기대와 실제 조건 사이에 차이가 있다면 무엇인가요?
- 이 프로젝트가 본인의 성과나 목표와 어떻게 맞물리는지 생각해 보신 적이 있으신가요?
- 현재 본인의 위치에서 이 프로젝트에 참여할 때 예상되는 어려움이나 장애물은 무엇인가요?

05. 프로젝트 참여를 위한 선택지 탐색 질문
- 이 프로젝트에 참여하기 위해 본인이 시도해 보고 싶은 방법이나 방안이 있나요?
- 이 프로젝트에서 본인이 담당할 수 있는 구체적인 역할이나 기여 방식이 있다면 무엇인가요?
- 이 프로젝트에 더 효과적으로 기여하기 위해 필요한 스킬이나 지식이 있다면 어떤 것이 있을까요?
- 본인이 참여하고 싶은 프로젝트에서 다양한 기회를 찾기 위해 생각해 볼 수 있는 방법이 있다면 무엇인가요?
- 이 프로젝트 참여를 통해 본인의 성장을 극대화하기 위해 고려해 볼 선택지가 있다면 무엇인가요?

06. 프로젝트 참여를 위한 지원과 자원 활용 방안 탐색 질문
- 이 프로젝트에 참여할 때 팀 내에서 추가로 필요한 자원이나 지원이 있다면 무엇인가요?
- 프로젝트에 원활히 참여하기 위해 상사나 동료로부터 받고 싶은 지원이나 피드백이 있다면 무엇인가요?
- 프로젝트 참여를 위해 업무 시간을 조정하거나 필요한 시간을 확보하기 위해 고려할 사항이 있을까요?
- 이 프로젝트를 효과적으로 진행하기 위해 필요한 자료나 도움을 받을 수 있는 자원이 있을까요?
- 이 프로젝트 참여를 위해 외부 교육이나 코칭 프로그램이 필요하다고 생각하시나요?

6) 팀워크
「행복한 조직문화」

- 행복한 조직문화는 업무 만족도와 성과에 큰 영향을 미친다고 생각해요. 오늘은 OO님의 생각을 듣고, 우리 팀이 더 좋은 조직문화를 만들기 위한 의견을 함께 나눠보는 시간이 되면 좋겠습니다.
- 조직문화가 좋아지면 더 큰 성과와 함께 개인적으로도 행복감을 느낄 수 있을 거라 생각해요. 오늘은 우리 팀의 조직문화에 대해 OO님의 생각을 듣고, 개선 방안을 함께 모색해 보고자 합니다.
- 행복한 조직문화가 형성되면 팀원 모두가 일하는 데 더 큰 보람을 느낄 수 있을 거예요. 오늘은 조직문화에 대해 솔직한 의견을 듣고, 함께 개선할 수 있는 부분을 찾아보면 좋겠습니다.
- 좋은 조직문화는 팀의 성과와 개인의 만족도를 높이는 중요한 요소죠. 우리 팀의 조직문화에 대해 OO님이 느끼는 부분을 이야기해 주시면 함께 더 나은 방향으로 나아갈 수 있을 것 같아요.
- 조직문화가 좋을수록 팀원들이 업무에 몰입하기 쉬운 것 같아요. 오늘은 OO님이 느끼는 조직문화에 대해 이야기 나누고, 필요한 부분이 있다면 함께 개선할 수 있는 기회를 가지면 좋겠습니다.
- 행복한 조직문화는 누구나 일하기 좋은 환경을 만들어 주죠. 오늘의 1on1은 우리 팀의 조직문화를 더 행복하게 만들기 위한 OO님의 의견을 듣고자 합니다. 함께 이야기를 나누고 개선할 방법을 찾아볼까요?

- 팀의 조직문화는 업무 성과와 만족에 큰 영향을 미치는 요소라고 생각해요. ○○님의 의견을 통해 현재 문화에서 부족한 부분이 있는지 살펴보고, 함께 개선할 수 있는 방법을 찾아보면 좋겠습니다.
- 행복한 조직문화가 유지되면 팀원들이 더욱 성장하고 성과를 낼 수 있겠죠. 오늘은 ○○님이 느끼는 팀 문화에 대해 이야기를 나누며, 긍정적인 변화를 이끌어 낼 방법을 함께 고민해 보면 좋겠습니다.
- 좋은 조직문화가 형성되면 서로가 존중받고 함께 성장할 수 있죠.
오늘은 ○○님이 조직문화에서 중요하게 생각하는 부분을 듣고, 더 나은 방향을 함께 모색해 보았으면 합니다.
- 행복한 조직문화는 개인과 팀 모두에게 긍정적인 영향을 줄 수 있어요.
오늘은 ○○님의 의견을 통해 우리 팀이 더 행복해질 수 있는 방안을 찾아보고, 필요한 부분이 있다면 함께 개선해 나가면 좋겠습니다.
- 조직문화가 더 좋아지면 팀원들이 업무에 더욱 자부심을 느끼고 성과도 높아질 거예요. ○○님이 조직문화에서 개선하고 싶은 부분이 있다면 함께 이야기하고 개선할 수 있는 방법을 찾아보면 좋겠습니다.
- 조직문화가 긍정적이면 매일의 업무가 더 즐겁고 성과도 따라올 거라 생각해요. 오늘 1on1 시간에는 우리 팀의 조직문화에 대해 이야기 나누어 볼까 합니다. 괜찮으실까요?

01. 행복한 조직문화를 정의하고 목표를 설정하는 질문
- 행복한 조직문화라고 하면 OO님에게는 어떤 모습이 떠오르시나요?
- 우리 팀이 어떤 문화를 가지고 있으면 더 행복하고, 일하기 좋은 환경이 될 거라고 생각하시나요?
- 팀 문화에서 꼭 개선되었으면 하는 점이 있다면 어떤 부분일까요?
- 이 1on1을 통해 팀의 조직문화를 어떻게 변화시키고 싶은 목표를 가지고 계신가요?
- 조직문화가 더 행복하게 개선되면 본인의 업무나 생활에 어떤 긍정적인 영향을 기대하시나요?

02. 행복한 조직문화의 중요성 인식 질문
- 행복한 조직문화가 본인의 업무 성과나 만족도에 얼마나 중요한 요소라고 생각하시나요?
- 조직문화가 개선되면 OO님에게 가장 큰 영향을 미칠 부분은 무엇인가요?
- 행복한 조직문화가 우리 팀 전체 성과에 어떤 영향을 미칠 거라고 생각하시나요?
- 현재 조직문화가 조금 더 개선되었을 때, 본인에게 주어질 가장 큰 변화는 무엇일까요?
- 조직문화의 긍정적인 변화를 통해 얻고자 하는 궁극적인 목표는 어떤 모습인가요?

03. 현재 조직문화 상태와 개선 필요성 파악 질문
- 현재 우리 팀의 조직문화에 대해 어떻게 느끼고 계신가요? 긍정적인 면과 아쉬운 면을 모두 이야기해 주세요.

- 요즘 팀 문화에서 가장 마음에 드는 점과, 개선되었으면 하는 부분이 있다면 어떤 점인가요?
- 현재 팀에서 느끼는 분위기가 본인이 기대하는 조직문화와 얼마나 일치한다고 생각하시나요?
- 현재 팀 내에서 문화적으로 가장 큰 장점이 있다면 무엇일까요?
- 지금의 조직문화에서 본인이 업무 몰입에 방해가 된다고 느끼는 부분이 있다면 어떤 점인가요?

04. 행복한 조직문화 형성에 영향을 미치는 요인 파악 질문
- 현재 팀원들이 서로 긍정적으로 상호작용하고 있다고 느끼시나요? 개선할 부분이 있다면 무엇일까요?
- 현재 조직문화가 팀의 성과나 협업에 미치는 영향에 대해 어떻게 느끼고 계신가요?
- 팀 내에서 본인이 존중받고 있다는 느낌을 받는 상황과 그렇지 않은 상황이 있다면 각각 어떤 경우인가요?
- 현재 조직문화를 형성하는 데 주요한 요소가 있다면 무엇이라고 생각 하시나요?
- 조직문화가 조금 더 개선되기 위해 필요한 자원이나 지원이 있다면 어떤 부분이 필요할까요?

05. 행복한 조직문화를 만들기 위한 선택지 탐색 질문
- 조직문화를 더 긍정적으로 개선하기 위해 시도해 보고 싶은 변화나 아이디어가 있으신가요?
- 팀원들이 더 즐겁고 행복하게 일할 수 있도록 어떤 부분이 보완되면 좋을까요?

- 현재 조직문화를 더 좋은 방향으로 만들기 위해 실천할 수 있는 구체적인 행동이 있다면 무엇일까요?
- 팀 내에서 서로 존중하고 신뢰를 쌓기 위해 필요한 작은 변화가 있다면 어떤 점이 있을까요?
- 조직문화를 더 행복하게 만들기 위해 우리 팀에서 새로운 시도로 추가해 볼 수 있는 프로그램이 있을까요?

06. 조직문화 개선을 위한 자원 및 지원 탐색 질문

- 팀원들이 행복을 느낄 수 있도록 조직 차원에서 필요한 자원이나 지원이 있다면 어떤 부분이 있을까요?
- 조직문화 개선을 위해 현재 팀장이 더 도움을 줄 수 있는 부분이 있다면 무엇이라고 생각하시나요?
- 조직문화가 개선되기 위해 필요한 교육이나 워크숍이 있다면 어떤 내용이 도움이 될까요?
- 팀이 소통하는 방식을 개선하기 위해 필요하다고 느끼는 도구나 제안이 있다면 무엇인가요?
- 팀원들이 스스로 조직문화를 개선하기 위해 활용할 수 있는 자원이 있다면 어떤 것이 필요할까요?

07. 행복한 조직문화를 위한 구체적인 실행 계획 설정 질문

- 오늘 논의한 내용 중에서 조직문화를 개선하기 위해 첫 번째로 실천할 수 있는 작은 변화는 무엇인가요?
- 다음 주까지 조직문화 개선을 위해 시도해 보고 싶은 행동이나 목표가 있다면 무엇인가요?

- 행복한 조직문화를 위해 일상적으로 실천할 수 있는 작은 습관이나 행동이 있을까요?
- 다음 1on1 미팅 전까지 조직문화를 개선하기 위해 목표로 삼고 싶은 변화가 있다면 무엇인가요?

08. 필요한 지원과 실행 의지 확인 질문

- 조직문화를 개선하기 위해 예상되는 어려움이 있다면 무엇이 있을까요? 제가 지원할 수 있는 부분이 있을까요?
- 행복한 조직문화를 만들기 위해 필요하다고 느끼는 추가적인 자원이나 자료가 있다면 무엇인가요?
- 조직문화를 개선하는 동안 동기 부여를 위해 필요한 지원이 있으신가요?
- 본인이 필요하다고 느끼는 지원을 받으면서 조직문화를 개선하기 위해 어떤 도움이 필요할까요?
- 이번 실행 계획을 통해 얻고자 하는 긍정적인 변화나 성과는 어떤 모습일까요?

6) 팀워크
「동료(선배&후배)와의 협업」

- 동료들과의 협업이 원활할수록 팀의 성과가 더 좋아지고, 업무 만족도도 높아질 거라 생각해요. 오늘은 OO님이 선배나 후배와 협업하면서 느끼는 점들을 나누고, 개선할 부분이 있다면 함께 찾아보는 시간을 가지면 좋겠습니다.
- 협업은 팀워크의 핵심이죠. 오늘은 OO님이 동료들과 협업할 때 겪는 어려움이나 성취감을 나누면서, 더 효과적인 협업을 위해 이야기 나누는 시간이면 합니다. 괜찮으실까요?
- 효과적인 협업은 더 좋은 성과로 이어진다고 생각해요. 이번 1on1에서는 선배와 후배와의 협업 경험을 돌아보고, 필요한 지원이나 개선이 필요한 부분이 있다면 이야기 나누면 좋겠습니다.
- 팀원들과의 협업이 잘 이루어지면 서로의 강점을 발휘할 수 있어요. 이번 1on1은 협업 과정에서 느낀 점들을 이야기하면서, 앞으로 더 효과적인 협업을 위한 방법을 함께 찾아보려고 합니다.
- 선배와 후배와의 협업을 통해 본인이 더 성장할 수 있다고 생각해요. 이번 시간에는 협업 과정에서 OO님이 느끼는 부분들을 나누고, 더 나은 협업을 위해 필요한 부분을 함께 고민해 보면 좋겠습니다.
- 동료들과의 협업이 잘 이루어지면 업무 효율이 높아지고 더 나은 성과를 낼 수 있죠. 오늘은 OO님이 협업에서 중요하게 생각하는 부분과 개선이 필요한 점을 함께 이야기해 보면 좋을 것 같은데 어떠세요?

- 팀 내에서 선배나 후배와의 협업을 통해 서로가 배우고 성장할 수 있다고 생각해요. 이번 1on1에서는 협업 경험을 돌아보며 더 효과적인 협업 방식을 찾아보는 시간을 가지면 좋겠습니다.
- 협업이 잘 이루어지면 각자의 강점을 활용하여 더 큰 성과를 낼 수 있겠죠. 오늘은 OO님이 협업하면서 느낀 점들을 나누고, 더 좋은 협업 환경을 만들 수 있는 방안을 함께 이야기 해 보면 어떨까요?.
- 효율적인 협업은 팀의 성과를 한층 높이는 중요한 요소입니다. 이번 1on1에서는 선배와 후배와의 협업 과정에서 도움이 필요한 부분이 있는지, 개선할 방안을 함께 찾아보면 하는데 어떠세요?
- 협업을 통해 함께 성장하고 팀이 발전할 수 있다고 생각해요. 오늘은 OO님이 협업을 통해 배우고 싶은 점이나 도전하고 싶은 부분에 대해 이야기해 보며, 필요한 지원을 찾는 시간을 가지면 하는데 괜찮으실까요?
- 좋은 협업 문화가 형성되면 업무가 더 즐거워질 거예요. 이번 1on1에서는 선배와 후배와의 협업에서 어떤 부분이 중요하다고 느끼시는지 듣고, 개선이 필요한 부분이 있다면 함께 논의해 보려고 합니다. 어떠세요?

01. 협업 목표 설정
- 선배와 후배와의 협업을 통해 본인이 달성하고자 하는 구체적인 목표가 있다면 무엇인가요?
- 이번 프로젝트에서 동료들과의 협업을 통해 이루고 싶은 주요 목표는 어떤 것인가요?
- 협업을 통해 개선하고 싶은 본인의 역량이나 스킬이 있다면 무엇인가요?
- 이번 협업에서 본인이 이루고자 하는 성과는 무엇인가요?

02. 협업의 중요성 인식
- 동료와의 협업이 본인의 업무 성과에 어떤 긍정적인 영향을 미칠 수 있다고 생각하시나요?
- 협업을 통해 팀 전체 성과에 기여할 수 있는 부분이 있다고 느끼시나요?
- 협업이 원활히 이루어질 때, 본인의 업무 몰입도나 만족도에 어떤 변화를 기대하시나요?
- 동료와의 협업이 현재 팀 성과에 얼마나 중요한 요소라고 생각하시나요?

03. 현재 협업 상태 평가
- 현재 동료들과의 협업에서 잘 진행되고 있는 부분은 무엇이라고 생각 하시나요?
- 협업 과정에서 현재 겪고 있는 어려움이나 갈등이 있다면 어떤 부분인가요?
- 현재 선배와 후배와의 협업에서 가장 만족스러운 부분과 개선이 필요한 부분은 무엇인가요?
- 지금 협업하는 방식이 본인의 기대에 얼마나 부합한다고 느끼시나요?

04. 협업에 영향을 미치는 요인
- 동료들과의 협업이 원활하게 이루어지기 위해 필요한 주요 요소는 무엇이라고 생각하시나요?
- 협업 과정에서 자주 발생하는 문제나 장애물이 있다면 어떤 것들이 있나요?
- 현재 협업에 가장 큰 영향을 미치고 있다고 느끼는 외부 또는 내부 요인은 무엇인가요?
- 협업이 잘 이루어지기 위해 해결해야 할 가장 큰 방해 요인은 무엇인가요?

05. 협업 개선 방법 탐색

- 협업을 더 효과적으로 만들기 위해 시도해 보고 싶은 새로운 방법이 있나요?
- 동료들과의 협업을 개선하기 위해 본인이 시도해 보고 싶은 구체적인 방법이 있다면 무엇인가요?
- 협업에서 의견을 더 잘 전달하기 위해 고려해 볼 수 있는 소통 방법은 어떤 것일까요?
- 갈등을 해소하고 더 좋은 협업을 위해 실천해 볼 수 있는 해결책이 있다면 무엇인가요?

06. 협업 지원 및 자원 활용 방안

- 협업을 원활하게 하기 위해 팀이나 회사 차원에서 지원받고 싶은 자원이 있다면 무엇인가요?
- 협업 과정에서 동료의 도움이나 피드백을 어떻게 활용할 수 있을까요?
- 협업을 위해 필요한 추가 자료나 툴이 있다면 어떤 것이 도움이 될까요?
- 팀 내에서 협업을 지원하기 위해 필요한 추가 지원이나 조정 사항이 있다면 무엇인가요?

07. 협업 실행 계획 설정

- 이번 주에 협업을 개선하기 위해 시도해 보고 싶은 작은 변화가 있다면 무엇인가요?
- 협업을 원활하게 만들기 위해 지속적으로 실천하고 싶은 행동이 있다면 무엇인가요?
- 협업 방식을 개선하기 위해 이번 달에 시도해 보고 싶은 목표가 있다면 무엇인가요?

08. 협업 지원과 실행 의지 확인

- 협업 과정에서 예상되는 어려움이 있다면 무엇이 있을까요? 제가 지원할 수 있는 부분이 있을까요?
- 협업을 성공적으로 진행하기 위해 필요한 추가적인 자료나 지원이 있다면 무엇인가요?
- 협업 계획을 실천하면서 동기 부여를 유지하기 위해 필요한 지원이 있으신가요?
- 이번 협업을 통해 달성하고자 하는 성과를 어떻게 정의하면 좋을까요?

6) 팀워크
「동료(선배&후배)와의 관계」

- 좋은 관계는 팀워크의 기초가 되죠. 오늘은 OO님이 선배나 후배와의 관계에서 느끼는 점들을 나누고, 더 긍정적인 관계를 형성하기 위해 필요한 부분이 있다면 함께 논의해 보면 좋을 것 같은데, 괜찮으실까요?
- 선배와 후배와의 신뢰 있는 관계가 형성되면, 업무 성과도 자연스럽게 따라온다고 생각해요. 이번 1on1에서는 동료들과의 관계에 대해 이야기 나누어 보는 1on1 시간이면 합니다. 어떠세요?
- 서로가 존중하고 신뢰하는 관계는 팀 분위기를 좋게 만듭니다. 오늘은 선배와 후배와의 관계에서 느끼는 어려움이나 좋은 점들을 나누고, 관계 개선에 도움이 될 방법을 찾아보는 시간을 가지면 좋을 것 같은데, 괜찮으실까요?
- 건강한 관계는 업무 만족도와 직결되죠. 이번 시간에는 OO님이 동료들과의 관계에 대해 어떻게 느끼고 계신지 이야기 나누면서, 더 좋은 관계를 형성할 방법을 함께 고민해 보는 시간이면 합니다. 어떠세요?
- 선배와 후배와의 좋은 관계는 본인의 성장에도 큰 도움이 될 거예요. 이번 1on1에서는 관계에서 느끼는 만족스러운 부분과 부족한 부분을 함께 나누고, 필요하다면 개선할 방법을 찾아보는 시간이면 합니다.
- 동료와의 좋은 관계는 일할 때 큰 힘이 되죠. 오늘은 OO님이 선배와
- 후배와의 관계에서 중요하게 생각하는 점과 함께 발전시키고 싶은 부분을 이야기 나누면 좋을 것 같은데, 괜찮으실까요?

- 건강한 관계가 형성되면 서로 신뢰하며 편하게 일할 수 있겠죠. 이번 1on1에서는 선배와 후배와의 관계에서 만족하는 부분과 개선이 필요한 점에 대해 이야기해 보면 좋을 것 같습니다. 어떠세요?
- 좋은 관계가 형성되면 일터가 더욱 편안한 공간이 될 거예요. 이번 시간에는 OO님이 동료들과의 관계에서 느끼는 점들을 나누고, 필요하다면 개선 방안을 함께 찾아보는 시간이 되면 좋겠습니다.
- 선배와 후배와의 관계가 원활할수록 팀 분위기가 더 좋아지고, 성과에도 긍정적인 영향을 미친다고 생각해요. 오늘은 관계에서 느끼는 어려움이나 좋은 점을 나누고, 필요한 부분을 함께 고민해 보는 시간이 되면 좋겠는데, 괜찮으실까요?
- 서로에게 긍정적인 영향을 주는 관계가 형성되면 일하는 환경이 더 즐거워지죠. 이번 1on1에서는 OO님이 동료와의 관계에서 중요하게 생각하는 요소와, 필요한 부분을 찾아보는 시간을 가지면 좋겠습니다.

01. 관계 목표 설정
- 선배나 후배와의 관계에서 이루고 싶은 목표는 어떤 것인가요?
- 팀 내에서 동료와의 관계를 통해 달성하고자 하는 인간적인 목표가 있다면 무엇인가요?
- 선배 및 후배와의 관계에서 본인이 구축하고 싶은 신뢰 수준은 어느 정도인가요?
- 팀원과 더 좋은 관계를 맺기 위해 본인이 이루고 싶은 구체적인 목표는 무엇인가요?

02. 관계의 중요성 인식
- 선배와 후배와의 관계가 본인의 업무 성과에 어떤 영향을 미치고 있다고 생각하시나요?
- 동료와의 긍정적인 관계가 팀의 성과에 얼마나 중요한 역할을 한다고 생각하시나요?
- 팀원들과의 관계가 본인의 업무 몰입이나 만족도에 미치는 영향은 어느 정도인가요?
- 선후배와의 좋은 관계가 본인에게 중요한 이유는 무엇인가요?

03. 현재 관계 상태 평가
- 현재 선배와 후배와의 관계에서 가장 만족하는 부분은 무엇인가요?
- 현재 선배와 후배와의 관계에서 개선이 필요한 부분이 있다면 어떤 점인가요?
- 동료와의 관계에서 본인이 느끼는 가장 큰 장점과 아쉬운 점은 무엇인가요?
- 선배나 후배와의 관계가 현재 본인의 업무에 긍정적으로 작용하고 있는 부분이 있나요?
- 현재 관계에서 본인이 갈등을 느끼거나 개선하고 싶은 부분이 있다면?

04. 관계에 영향을 미치는 요인
- 현재 동료와의 관계에 가장 큰 영향을 미치는 요인은 무엇이라고 생각 하시나요?
- 동료들과의 관계에서 갈등이 발생하게 되는 주된 원인은 무엇인가요?
- 선배와 후배와의 관계가 원활히 진행되기 위해 본인이 고려하고 있는 주요 요소는 무엇인가요?
- 관계를 유지하거나 개선하는 데 있어 본인이 느끼는 가장 큰 방해 요인은 무엇인가요?

05. 관계 개선 방법 탐색

- 동료와 더 좋은 관계를 구축하기 위해 시도해 보고 싶은 소통 방식이나 행동이 있나요?
- 관계 개선을 위해 선배나 후배와 함께 공유할 수 있는 활동이나 대화 주제가 있을까요?
- 동료와 더 긍정적인 관계를 유지하기 위해 팀 내에서 시도해 볼 수 있는 작은 변화가 있다면 무엇인가요?
- 관계 개선을 위해 본인이 해보고 싶은 노력이나 조정이 있다면 어떤 점인가요?

6) 팀워크
「팀 내 불편함이나 개선사항」

- 업무를 하면서 불편함을 느끼는 부분들이 분명히 있을 텐데, 그런 부분이 개선되면 팀 분위기와 성과가 더 좋아질 수 있을 거라 생각해요. 오늘은 ○○님이 느끼고 있는 불편한 점들을 함께 이야기해 보며 개선 방향을 논의하는 시간을 가지면 좋겠습니다. 어떠세요?

- 더 나은 업무 환경을 만들기 위해서는 현재 느끼고 있는 불편함을 이해하고 개선해 나가는 것이 중요하다고 생각해요. 이번 1on1에서는 ○○님이 생각하는 팀 내 개선이 필요한 사항에 대해 이야기 나눌까 합니다. 괜찮으실까요?

- 팀에서 불편함이 사라지면 업무 효율과 만족도가 높아질 수 있을 거라 생각해요. 오늘은 ○○님이 느끼는 불편함이 무엇인지 듣고, 저도 함께 해결할 수 있는 방법을 찾아보려고 합니다. 어떠세요?

- 좋은 팀 환경을 위해서는 서로가 느끼는 불편함을 이해하고 개선해 나가는 것이 중요하죠. 오늘은 ○○님이 느끼고 있는 불편한 점과 개선이 필요한 부분을 함께 논의해 보려 하는 시간이 되면 좋겠습니다.

- 현재 팀 내에서 느끼는 불편함이 있다면 그것을 해결해 나가는 과정이 중요하다고 생각해요. 오늘은 ○○님이 개선이 필요하다고 느끼는 사항에 대해 이야기 나누고, 함께 해결책을 모색해 보려합니다. 어떠세요?

- 더 좋은 팀 분위기를 위해 팀원들이 느끼는 불편함을 적극적으로 개선해 나가고 싶어요. 이번 1on1에서는 ○○님이 생각하는 불편한 부분과 개선이 필요한 사항에 대해 솔직하게 의견을 듣고자 합니다.

- 일하는 환경이 편안해야 성과도 더 좋아질 수 있죠. 오늘은 OO님이 느끼는 불편한 부분들이 있다면 함께 이야기하면서 개선 방안을 찾아 보는 1on1이 되면 좋겠습니다.
- 더 나은 업무 환경을 만들기 위해 팀원들이 느끼는 불편함을 이해하고 개선해 나가는 것이 중요해요. 오늘 1on1은 OO님이 생각하는 불편한 부분들을 나누고, 함께 개선할 수 있는 방안을 찾아보려고 합니다.
- 좋은 성과를 위해서는 불편함을 줄이고 일하기 좋은 환경을 만드는 것이 중요하다고 생각해요. 오늘 1on1은 OO님이 느끼는 불편한 점과 개선이 필요한 사항에 대해 이야기 나누고 개선하는 시간이 되면 좋겠습니다. 괜찮으실까요?
- 팀 분위기를 더 좋게 하기 위해서 현재 느끼는 불편함을 해결해 나가고 싶어요. 이번 1on1에서는 OO님이 불편하거나 개선이 필요하다고 느끼는 것을 자유롭게 이야기 나누고, 해결책을 찾는 시간이면 합니다. 어떠세요?

01. 현재 불편함 상태 평가
- 현재 팀 내에서 가장 불편하게 느끼는 부분은 무엇인가요? 구체적인 예를 들어 설명해 주실 수 있을까요?
- 최근 이 불편함을 겪으며 어려움을 느꼈던 순간이 있었다면 언제 였나요?
- 현재 팀 내에서 불편하게 느끼는 부분이 있다면 어떤 점인가요?
- 팀 환경에서 본인이 개선하고 싶다고 생각하는 가장 큰 불편함은 무엇인가요?
- 팀에서 느끼는 불편함이 줄어들면 본인이 더 잘할 수 있을 것 같은 부분은 무엇인가요?
- 개선이 필요하다고 생각하는 사항 중에서도 우선순위가 높은 것은 무엇인가요?

02. 불편함에 영향을 미치는 요인

- 이 불편함이 발생하는 주요 원인은 무엇이라고 생각하시나요?
- 현재 팀 내에서 개선이 필요한 사항에 가장 큰 영향을 미치는 요소는 어떤 것들이 있을까요?
- 이 불편함이 본인의 역할에서 오는 것인가요? 팀 환경에서 오는 것인가요?
- 이 불편함을 해결하는 데 가장 큰 방해 요인은 무엇인가요?
- 현재 이 불편함이 발생하는 상황에서 주로 연관된 요인이나 사람은 누구인가요?
- 이 불편함이 지속되는 데 있어 가장 큰 장애물은 무엇인가요?
- 현재 불편함을 줄이기 위해 본인이 이미 시도해 본 방법이 있다면?
- 이 불편함을 줄이기 위해 팀 내 다른 동료들과 논의해 본 적이 있으신가요?

03. 개선 방안 탐색

- 이 불편함을 줄이기 위해 시도해 볼 수 있는 구체적인 방법이 있다면 무엇이 있을까요?
- 본인이 먼저 시도해 볼 수 있는 작은 변화나 행동이 있다면 어떤 것이 있을까요?
- 동료들과 협력하여 이 불편함을 해결할 수 있는 방법이 있다면 무엇일까요?
- 불편함을 해결하기 위해 현재 팀 내에서 새로운 방식을 도입해 볼 가능성이 있다면 무엇인가요?
- 이 불편함을 해결하기 위해 본인이 실천해 보고 싶은 작은 변화가 있다면 어떤 점인가요?
- 불편함을 줄이기 위해 본인이 맡고 있는 업무나 역할을 재조정해 보는 방법이 있다면?

04. 팀 차원의 지원 방안 탐색

- 이 불편함을 해결하기 위해 팀이나 조직 차원에서 지원받고 싶은 부분이 있다면 무엇인가요?
- 상사나 동료에게 요청하고 싶은 도움이나 피드백이 있다면 어떤 것이 있을까요?
- 불편함을 줄이기 위해 필요한 추가적인 자원이나 도구가 있다면 무엇일까요?
- 팀이 더 원활히 운영되기 위해 도입되었으면 하는 제도나 정책이 있나요?
- 이 불편함을 줄이기 위해 업무 환경 개선이 필요한 부분이 있다면 어떤 점이 있을까요?
- 팀 전체의 효율성을 높이기 위해 필요한 지원이나 추가 자원이 있을까요?

05. 불편함 개선 실행 계획 설정

- 오늘 논의한 불편함을 줄이기 위해 이번 주에 시도해 보고 싶은 작은 변화가 있다면 무엇인가요?
- 다음 1on1 미팅 전까지 불편함을 해결하기 위해 목표로 삼고 싶은 구체적인 행동이 있다면 무엇인가요?
- 이 불편함을 줄이기 위해 일상적으로 실천할 수 있는 작은 습관이나 행동이 있다면 어떤 것이 있을까요?
- 이번 달에 불편함 개선을 위해 설정하고 싶은 구체적인 목표가 있다면 무엇인가요?
- 불편함을 개선하기 위해 오늘부터 적용해 보고 싶은 작은 변화가 있다면 무엇인가요?
- 앞으로 팀 내에서 이 문제를 지속적으로 개선하기 위해 본인이 할 수 있는 일상적인 행동은 무엇인가요?

06. 개선을 위한 지원과 실행 의지 확인

- 이 실행 계획을 실천하면서 예상되는 어려움이 있다면 무엇이 있을까요? 제가 지원할 수 있는 부분이 있을까요?
- 불편함 개선을 위해 필요하다고 느끼는 추가적인 자원이나 자료가 있다면 무엇인가요?
- 불편함을 줄이는 계획을 실천하는 동안 필요한 지원이 있으신가요?
- 이번 개선 계획을 통해 기대하는 구체적인 변화나 성과는 어떤 모습인가요?
- 이 불편함을 개선하기 위해 진행 상황을 어떻게 관리해 보고 싶으세요?

6) 팀워크
「조직 적응을 힘들어 하는 팀원」

- 업무를 하면서 불편함을 느끼는 부분들이 분명히 있을 텐데, 그런 부분이 개선되면 팀 분위기와 성과가 더 좋아질 수 있을 거라 생각해요.
오늘은 OO님이 느끼고 있는 불편한 점들을 함께 이야기해 보며 개선 방향을 논의하는 시간을 가지면 좋겠습니다. 어떠세요?
- 더 나은 업무 환경을 만들기 위해서는 현재 느끼고 있는 불편함을 이해하고 개선해 나가는 것이 중요하다고 생각해요. 이번 1on1에서는 OO님이 생각하는 팀 내 개선이 필요한 사항에 대해 이야기 나눌까 합니다. 괜찮으실까요?
- 팀에서 불편함이 사라지면 업무 효율과 만족도가 높아질 수 있을 거라 생각해요. 오늘은 OO님이 느끼는 불편함이 무엇인지 듣고, 저도 함께 해결할 수 있는 방법을 찾아보려고 합니다. 어떠세요?
- 좋은 팀 환경을 위해서는 서로가 느끼는 불편함을 이해하고 개선해 나가는 것이 중요하죠. 오늘은 OO님이 느끼고 있는 불편한 점과 개선이 필요한 부분을 함께 논의해 보려 하는 시간이 되면 좋겠습니다.
- 현재 팀 내에서 느끼는 불편함이 있다면 그것을 해결해 나가는 과정이 중요하다고 생각해요. 오늘은 OO님이 개선이 필요하다고 느끼는 사항에 대해 이야기 나누고, 함께 해결책을 모색해 보려합니다. 어떠세요?
- 좋은 팀 분위기를 위해 팀원들이 느끼는 불편함을 적극적으로 개선해 나가고 싶어요. 이번 1on1에서는 OO님이 생각하는 불편한 부분과 개선이 필요한 사항에 대해 솔직하게 의견을 듣고자 합니다.

- 일하는 환경이 편안해야 성과도 더 좋아질 수 있죠. 오늘은 OO님이 느끼는 불편한 부분들이 있다면 함께 이야기하면서 개선 방안을 찾아 보는 1on1이 되면 좋겠습니다.
- 더 나은 업무 환경을 만들기 위해 팀원들이 느끼는 불편함을 이해하고 개선해 나가는 것이 중요해요. 오늘 1on1은 OO님이 생각하는 불편한 부분들을 나누고, 함께 개선할 수 있는 방안을 찾아보려고 합니다.
- 좋은 성과를 위해서는 불편함을 줄이고 일하기 좋은 환경을 만드는 것이 중요하다고 생각해요. 오늘 1on1은 OO님이 느끼는 불편한 점과 개선이 필요한 사항에 대해 이야기 나누고 개선하는 시간이 되면 좋겠습니다. 괜찮으실까요?
- 팀 분위기를 더 좋게 하기 위해서 현재 느끼는 불편함을 해결해 나가고 싶어요. 이번 1on1에서는 OO님이 불편하거나 개선이 필요하다고 느끼는 것을 자유롭게 이야기 나누고, 해결책을 찾는 시간이면 합니다. 어떠세요?

01. 조직 적응을 통해 이루고 싶은 목표 설정

- 지금 이 조직에서 잘 적응했다고 느끼기 위해 어떤 모습이 되길 바라나요?
- 조직 생활에서 본인이 가장 원하는 상태는 어떤 모습인가요?
- 조직 내에서 본인이 이뤄내고 싶은 모습이나 목표가 있나요?
- 현재 적응이 잘 되어 있다고 느낀다면, 어떤 점이 달라질 것 같나요?
- 이 조직에서 편안함을 느끼기 위해 구체적으로 어떤 부분이 개선되면 좋겠나요?
- 조직 적응이 본인에게 왜 중요하다고 생각하나요?
- 적응이 잘 되어 있으면 업무 외에도 어떤 긍정적인 변화가 생길 것 같나요?

- 조직 적응이 잘 이루어졌을 때 본인이 가장 자주 느낄 감정은 무엇일까요?
- 현재 조직 내에서 본인이 편안하게 일할 수 있는 환경을 상상한다면, 어떤 요소들이 필요할까요?
- 조직에 적응하면서 성취하고 싶은 작은 목표가 있나요?
- 팀원들과의 관계에서 어떤 점이 개선되면 본인의 적응에 도움이 될까요?
- 본인의 역할에서 자주 느끼는 어려움이 해소된다면 조직 적응에도 긍정적인 변화가 있을까요?
- 조직 적응을 통해 본인이 얻고자 하는 최종적인 모습은 무엇인가요?

02. 조직 적응의 필요성 인식

- 조직에 잘 적응하면 본인의 업무에도 어떤 변화가 생길 것 같나요?
- 조직에 잘 적응하는 것이 본인에게 어떤 긍정적인 영향을 줄 수 있을까요?
- 현재 적응이 어려워지면서 업무 외에 영향을 받고 있는 부분이 있나요?
- 조직 적응이 잘 되면 업무 외의 생활에도 긍정적인 영향을 줄 것 같나요?
- 조직 내에서 적응이 잘 되었을 때 본인이 느끼는 편안함이란 어떤 것일까요?
- 조직 적응이 잘 되지 않아서 불편함을 느끼고 있는 부분이 있나요?
- 이 조직에 적응하는 것이 장기적으로 본인에게 어떤 도움이 될 것 같나요?
- 조직 적응이 잘 되어 있을 때 본인의 성과나 동기부여에 어떤 변화가 있을까요?
- 조직 적응을 통해 본인의 직무 만족도가 높아질 가능성이 있다고 생각하시나요?
- 조직에 잘 적응하는 것이 본인의 경력 발전에 어떤 긍정적인 영향을 줄 것 같나요?
- 현재 느끼는 어려움이 조직 적응과 어떤 관련이 있다고 생각하시나요?

- 조직 적응이 잘 되면 본인이 직장에서 느끼는 스트레스는 줄어들 것 같나요?
- 조직에 적응했을 때의 본인의 모습을 상상해본다면, 지금과 어떤 차이가 있을까요?
- 조직에 잘 적응하면 팀원들과의 관계에서 본인이 얻을 수 있는 것은 무엇일까요?
- 조직 적응이 본인의 목표와 어떻게 연결될 수 있다고 생각하시나요?

03. 조직 적응에서 겪고 있는 어려움
- 현재 조직에서 적응하는 데 가장 힘든 부분은 무엇인가요?
- 적응이 어렵다고 느끼게 되는 구체적인 상황이나 이유가 있나요?
- 조직 내에서 본인이 가장 불편하게 느끼는 부분은 어떤 것인가요?
- 팀 내에서 본인이 주로 어려움을 느끼는 순간은 언제인가요?
- 조직에 적응하는 과정에서 가장 큰 장벽은 무엇인가요?
- 본인이 적응하기 힘들다고 느끼는 구체적인 이유가 있을까요?
- 현재 조직에서의 문화나 분위기 중 불편함을 느끼는 요소가 있다면 무엇인가요?
- 조직 적응이 어려운 상황에서 주로 느끼는 감정은 어떤 것인가요?
- 현재 적응이 어려운 이유가 본인의 역할 때문인지 아니면 조직의 구조 때문인지 생각해 보셨나요?
- 본인이 조직에 적응하지 못했다고 느끼는 순간이 있다면 언제인가요?
- 조직의 가치관이나 목표와 본인이 잘 맞지 않는 부분이 있다고 생각 하시나요?
- 조직 적응을 위해 필요하지만 부족하다고 느끼는 지원이 있다면 무엇인가요?
- 조직 적응에 어려움을 겪으면서 가장 답답했던 순간은 어떤 때인가요?

- 조직에서 적응이 어려운 이유가 특정 상황 때문이라고 느끼시나요?
- 본인이 조직에 잘 맞지 않는다고 느끼는 부분이 있다면 구체적으로 어떤 부분인가요?

04. 과거 조직 적응 경험 및 현재 접근 방식

- 과거에 새로운 조직에서 적응하기 힘들었던 적이 있었나요?
- 이전에 비슷한 조직 적응 어려움을 겪었을 때 어떻게 대처하셨나요?
- 과거에 성공적으로 적응했던 경험이 있다면 그때는 어떻게 적응하셨나요?
- 현재와 같은 어려움을 겪으면서 과거에 도움을 받았던 방법이 있었나요?
- 과거의 경험을 떠올려 볼 때, 현재 상황에 적용할 수 있는 점이 있을까요?
- 예전에 조직 적응에 성공했을 때와 지금 상황이 어떻게 다르다고 느끼시나요?
- 과거의 적응 과정에서 본인에게 가장 도움이 되었던 점은 무엇이었나요?
- 이전에 적응에 성공했던 조직과 현재 조직의 차이는 어떤 점이 있나요?
- 과거에 적응이 잘 되었을 때와 지금의 상황을 비교해 볼 때 가장 큰 차이는 무엇인가요?
- 이전에 성공적인 적응을 이끌었던 방법이 현재 상황에도 적용될 수 있을까요?
- 이전에 어려움을 극복한 경험에서 배운 점이 있다면 이번에도 활용할 수 있을까요?
- 과거의 적응 경험에서 본인이 중요하게 여겼던 요소가 있었나요?
- 현재 조직에 적응하는 데 있어 과거와 달라진 본인의 접근 방식이 있나요?
- 과거에 비슷한 상황에서 본인에게 도움이 되었던 사람이나 방법이 있었나요?
- 과거의 성공적인 조직 적응 경험에서 본인이 얻은 교훈이 이번에도 유효하다고 생각하시나요?

05. 조직 적응을 돕는 새로운 접근 방안 탐색

- 현재 어려움을 극복하기 위해 시도해 볼 수 있는 첫 번째 방법이 있을까요?
- 조직 적응을 위해 새로운 접근 방식을 생각해본 적이 있나요?
- 다른 방식으로 팀원들과 소통하면 도움이 될 수 있을까요?
- 조금 다르게 접근해 본다면 어떤 변화가 가능할까요?
- 조직 내에서의 불편함을 줄이기 위해 바로 실천할 수 있는 변화가 있다면 무엇인가요?
- 본인이 편안함을 느끼기 위해 현재 환경에서 바꿔볼 수 있는 부분이 있을까요?
- 타인을 더 이해하려고 노력한다면 적응에 도움이 될 수 있을까요?
- 조직 적응을 돕기 위해 일상의 작은 습관을 바꾸어 볼 수 있을까요?
- 현재 어려움을 극복하기 위해 지금까지와는 다른 접근 방식을 시도해 볼 방법이 있나요?
- 다른 팀원들과의 관계를 개선하기 위해 소통 방식을 조금만 바꿔보는 것은 어떨까요?
- 조직의 목표와 더 잘 연결될 수 있는 방안을 찾아보면 본인에게도 도움이 될까요?
- 조직에 적응하기 위해 매일 할 수 있는 작은 변화가 있다면 어떤 것이 있을까요?
- 팀원들과 더 자주 대화하거나 피드백을 받는 것이 적응에 도움이 될까요?
- 조직 생활에서 본인이 좋아하는 부분을 조금 더 활용하는 것은 어떨까요?

06. 조직 적응을 돕는 지원방안 모색

- 본인이 조직에 더 잘 적응할 수 있도록 필요한 지원이 있다면 무엇일까요?
- 적응을 돕기 위해 팀장이나 동료에게 요청할 수 있는 부분이 있을까요?
- 조직 적응을 위해 현재 지원이 부족하다고 느끼는 부분이 있다면 어떤 점인가요?
- 도움이 될 만한 지원이 있다면 그것이 구체적으로 무엇일까요?
- 적응을 돕기 위해 팀 내에서의 역할 조정이 필요하다고 느끼시나요?
- 조직 적응을 위해 추가적으로 교육이나 훈련이 필요하다고 느끼시나요?
- 팀원들에게 더 자주 도움을 요청하거나 피드백을 받는 것이 도움이 될까요?
- 적응을 돕기 위해 지원받고 싶은 구체적인 방법이 있을까요?
- 본인의 적응을 돕기 위해 팀 내에서 함께 할 수 있는 활동이 있다면 어떤 것이 좋을까요?
- 조직의 목표와 본인의 역할을 더 잘 이해하기 위해 필요한 정보가 있을까요?
- 조직 적응을 위해 자주 만날 수 있는 멘토가 있다면 도움이 될까요?
- 다른 부서나 동료로부터 본인의 역할을 더 잘 이해할 수 있는 기회를 얻는 것이 적응에 도움이 될까요?
- 현재 부족하다고 느끼는 지원을 구체적으로 요청해 본 적이 있나요?
- 적응을 위해 타 부서나 다른 역할을 경험해 보는 것이 도움이 될 수 있을까요?
- 조직 내에서 본인이 잘 적응할 수 있도록 팀장에게 추가적으로 바라는 지원이 있을까요?

07. 행동계획

- 오늘 이야기한 아이디어 중에서 바로 실천해 보고 싶은 것이 있나요?
- 조직 적응을 위해 이번 주에 구체적으로 시도해 보고 싶은 것이 있다면 무엇인가요?
- 이번 주 동안 본인이 목표로 삼고 싶은 작은 행동이 있다면 무엇인가요?
- 오늘부터 조직 적응을 돕기 위해 작게나마 시작할 수 있는 변화가 있을까요?
- 조직에서의 적응을 돕기 위해 오늘부터 바로 실행에 옮길 수 있는 행동이 있다면 무엇일까요?
- 다음 주까지 적응을 위한 작은 변화로 설정하고 싶은 목표가 있을까요?
- 본인이 적응을 위해 가장 우선적으로 시도하고 싶은 첫 걸음은 무엇인가요?
- 오늘 이야기한 것 중에서 구체적으로 실천할 계획이 있다면 어떤 것인가요?
- 이번 주에 한 번 시도해 보고 싶은 작은 변화가 있다면 무엇일까요?
- 조직 적응을 위해 작은 변화를 매일 실천해 보는 것은 어떨까요?
- 오늘부터 시작해 보고 싶은 작은 행동이 있다면 무엇인가요?
- 다음 미팅까지 적응을 위해 실천하고자 하는 작은 목표가 있을까요?
- 적응을 돕기 위해 작게나마 실행에 옮기고 싶은 첫 걸음은 무엇인가요?
- 지금부터 조직에서 본인이 조금 더 편안해지기 위해 어떤 것을 먼저 해보고 싶나요?

08. 지속적 개선을 위한 의지확인

- 오늘 세운 목표를 지속적으로 실천해 나가려면 어떤 방법이 필요할까요?
- 조직 적응을 돕기 위해 지속적으로 유지하고 싶은 습관이 있다면 무엇인가요?
- 지속적으로 적응을 도울 수 있는 방법을 주기적으로 점검해 보는 것은 어떨까요?
- 꾸준히 적응을 위해 노력하고 싶은 작은 목표가 있다면 무엇인가요?
- 지속적인 적응을 위해 앞으로도 해보고 싶은 행동이 있다면 어떤 것인가요?
- 조직 적응이 자연스럽게 이루어질 수 있도록 유지하고 싶은 방법이 있나요?
- 조직에서 지속적으로 편안함을 느끼기 위해 주기적으로 점검하고 싶은 부분이 있을까요?
- 지속적인 적응을 위해 일관되게 실천하고 싶은 목표가 있나요?
- 지속적으로 조직 적응을 위해 개선하고 싶은 부분이 있다면 무엇인가요?
- 조직 적응을 유지하기 위해 다음 1on1 미팅 전까지 꾸준히 실천하고 싶은 일이 있나요?
- 오늘 설정한 변화를 꾸준히 유지하려면 어떤 노력이 필요할까요?
- 앞으로도 꾸준히 적응을 돕기 위해 실천하고자 하는 목표가 있나요?
- 조직 적응이 지속적으로 유지될 수 있도록 본인이 할 수 있는 일은 무엇일까요?

2장 – 실전코칭

Chapter 1 : 코칭스킬 1 – 피드백
Chapter 2 : 코칭스킬 2 – 질문
Chapter 3 : 코칭스킬 3 – 경청
Chapter 4 : 코칭스킬 4 – 칭찬&인정
Chapter 5 : 코칭대화 사례

코칭의 정의

| John Whitmore | "잠재력을 최대한 발휘할 수 있도록 개인을 돕는 것"이며, "성과 향상을 목표로 개인의 학습과 발전을 촉진하는 과정". |

출처: Whitmore, J. (2009). Coaching for Performance: GROWing Human Potential and Purpose (4th ed.). Nicholas Brealey Publishing.

| Timothy Gallwey | "내면의 장애물을 제거하여 최적의 성과를 내는 과정". |

출처: Gallwey, W. T. (2000). The Inner Game of Work. Random House.

| David Clutterbuck | "개인이 자신의 목표를 달성하도록 돕는 과정". |

출처: Clutterbuck, D. (2003). Coaching and Mentoring at Work: Developing Effective Practice. CIPD Publishing.

| Marshall Goldsmith | "행동 변화를 통해 리더십과 성과를 향상시키는 과정". |

출처: Clutterbuck, D. (2003). Coaching and Mentoring at Work: Developing Effective Practice. CIPD Publishing.

| Paul Hersey & Ken Blanchard | "지시와 지원을 조절하여 개인의 성과를 극대화하는 과정". |

출처: Hersey, P., Blanchard, K. H., & Johnson, D. E. (2007). Management of Organizational Behavior: Leading Human Resources (9th ed.). Prentice Hall.

| Julie Starr | "개인의 사고와 행동을 발전시키는 대화의 과정". |

출처: Starr, J. (2016). The Coaching Manual: The Definitive Guide to The Process, Principles and Skills of Personal Coaching (4th ed.). Pearson Education.

피드백 프로세스

[Fact(사실)] 사실을 최대한 구체적이게 말한다.

[Thought(생각)] 상대방이 왜 그렇게 얘기했는지 대화하고, 나의 생각을 전달한다.

[Ask(요청, 질문)] 먼저 질문하는 것을 추천하고, 이야기가 충분히 되면 원하는 것을 요청한다. 구체적이고, 명확하게 요청한다.

피드백 5원칙

01. 판단 언어가 아니라, 사실 중심의 언어, 목표언어로 이야기 하기

02. 요청할 때에는 구체적으로 명확하게 하기

03. 개선을 요청하기 전에 상대방을 인정하거나 욕구를 알아주기

04. 피드백을 줘도 되는지 허락받기

05. 개선 요청보다는 질문을 해 보기

> **피드백을 할 때 구체적인 느낌을 주는 표현들은?**

01. 개선이 필요한 부분에 대한 구체적인 표현들
    - 성과 관련: "OO씨, 이번 달 목표 달성률이 15% 낮았어요. 특히, 신규 고객 유치가 목표 대비 10건 부족했습니다. 이를 위해 다음 달에는 어떤 전략을 사용하면 좋을까요?"
    - 행동 관련: "지난 주 팀 회의에서 한 시간 동안 2번 말씀하시더라구요. 팀의 의견을 적극적으로 듣고 질문을 통해 더 활발히 참여해 주시면 좋겠습니다."
    - 노력 관련: "OO씨, 최근 프로젝트 보고서 작성 시에 이런 데이터가 누락된 부분이 있었어요. 보고서를 작성할 때 데이터를 다시 한번 검토하는 과정을 추가해 주시면 좋겠습니다."

02. 발전 가능성에 대한 구체적인 표현들
    - 스킬 습득 관련: "OO씨, 데이터 분석 스킬을 조금 더 발전시키면 좋을 것 같아요. 예를 들어, 이번 주에 제공된 데이터 분석 온라인 강의를 수강해 보시는 건 어떨까요?"
    - 협력 관련: "OO씨, 다른 부서와의 협업 프로젝트에서 의사소통을 조금 더 명확하게 해 주시면 좋겠습니다. 주간 미팅 후에 회의록을 공유해 주시면 좋을 것 같아요."

03. 구체적인 행동 변화 요청
    - 시간 관리 관련: "최근 몇 주 동안 마감 시간을 지키지 못한 경우가 이번 달에 3번 있었어요. 업무 시작 전에 우선순위를 정리하고, 타임테이블을 활용해

보는 건 어떨까요?"
- 의사소통 관련: "팀 내에서 의사소통이 원활하게 하기 위해 이메일 커뮤니케이션 시에 주요 내용을 요약해 주시면 더 도움이 될 것 같습니다."
- 책임감 관련: "팀 회의에서 더 적극적으로 의견을 나눠 주시면 좋겠습니다. 다음 회의에서는 의견을 준비해 오는 것도 좋은 방법일 것 같습니다."

> ## 피드백을 할 때마다
> ## 유독 방어적인 입장을 취하는 팀원에게는

리더의 피드백에 팀원이 방어적인 이유가 있습니다. 여러가지 이유가 있을 것입니다. 그 중에 리더의 피드백을 공격이나 질책, 비난으로 받아들이기 때문일 가능성이 가장 높습니다. 리더의 피드백이 성장의 시간, 배움의 시간, 숨위 쉬어지는 시간이면 방어적인 입장을 취하는 이슈는 해결 될 것입니다. 그러면 리더의 피드백에 유독 방어적인 입장을 취하는 팀원에게 리더는 어떻게 해야 할까요?

- 사실적인 언어에 기반한 이야기를 해야 합니다. 피드백을 할 때에 조심한다고 하는데도 팀원들이 비난으로 받아들이는 경우들이 있습니다. '맨날 그러더라!', '또' '항상' '늘' '여러 번' '자주' '자꾸' 등 빈도부사가 사실적인 언어사용을 방해합니다.
- 객관적인 언어를 사용해야 합니다. '약속을 안 지켜' '책임감이 없어'등의 표현이 객관적이지 않은 표현입니다. '약속을 안 지켜' 대신에 '약속시간에 30분 늦었습니다', '책임감이 없어' 대신에 '이번 프로젝트의 마감 기한을 두 번 넘겼습니다' 라고 하는 것이 맞습니다.
- 적극적으로 공감해야 합니다. 그냥 고개를 끄덕인다고 상대가 '내 얘기 공감해주는구나'라고 느끼지 않습니다. 공감은 귀가 아니라, 고개가 아니라, 입으로 하는 것입니다. 입으로 소리를 내면서 들어주셔야 합니다. '아! 그렇군요!' '정말이요?' '그렇네요' '물론이죠' 등을 사용하시면 도움이 됩니다.

- 해결책 제시: 팀원이 방어적인 이유는 자신감이 없어서입니다. 자신감이 없다는 것은 '해답을 가지고 있지 않다. 어떻게 해야 할지 모르겠다'는 의미이기도 합니다. 그러니, 해답을 추궁하지 말고. 해답을 알려주는 것이 '팀원의 방어적 태도'에 대한 해답 중에 하나가 될 수 있습니다.
- 규정이나 규율이 아닌 개인적이고 솔직한 태도를 유지해야 합니다. 방어적이라고 하면 열린 대화가 필요하다는 말입니다. 상대방이 좋아하는 것, 관심 있는 것들이 대화에 녹여지면 좋습니다.
- 개선에 대한 지속적인 응원이 필요합니다. 피드백이 끝나고, 뭔가를 미세하게라도 개선했다면, 꼭 알아주고 인정해 주셔야 합니다. 그래야, '아! 팀장님이 계속 지켜보시는구나!'라며 스스로를 동기부여할 것입니다. 변화는 '리더의 관심'에서 시작됩니다.

> **피드백을 할 때마다 유독 방어적인 팀원에게
> '하면 안 되는 사실적이지 않은 언어 사례'**

항상	이따금씩
언제나	때때로
늘	대부분
맨날	절대로
끊임없이	대체적으로
무조건	대개
해보지도 않고	도대체
자주	끝끝내
여러 번	끝까지
반복해서	매주
~할 때마다	주로
또	종종

> **피드백을 할 때마다 유독 방어적인 팀원에게
> '하면 안 되는 객관적이지 않은 언어 사례'**

너는 행동이 너무 느려!	너는 항상 문제만 일으키는 것 같아.
너는 너무 무뚝뚝해.	너는 너무 막무가내로 일을 처리해.
너의 태도가 문제야.	너는 너무 소극적이야.
내가 생각에 너는 효율적이지 못해.	내 눈에는 너의 업무 능력이 좋지 않아 보여.
너는 너무 감정적으로 반응하는 것 같아.	너의 아이디어는 전혀 도움이 안 돼.
나는 너의 스킬이 부족하다고 생각해.	너는 자꾸만 잘못된 결정을 내려.
너의 생각은 완전히 잘못됐어.	너는 다른 사람의 의견을 듣지 않아.
너는 자꾸 실수를 하잖아.	너는 항상 자기 자신만을 생각해.
너의 의견은 항상 틀려.	너는 이해력이 떨어지는 것 같아!
네 생각은 이 프로젝트에 부적절해.	너는 이기적이야!
너는 너무 고집스러워.	너는 어떻게 너 생각만 하냐?

> **피드백을 할 때마다 유독 방어적인 팀원에게
> '대화를 이끌어내는 적극적 경청&공감의 표현'**

"와!"	"그렇군요."
"좋네요!"	"물론이죠"
"그러네요!"	"맞습니다! 그리고~"
"와, 진짜 대단하세요!"	"정말 놀랍네요."
"진짜요?"	"정말로요?"
"훌륭하네요!"	"정말 멋지네요."
"말도 안 돼요!"	"정말 신기하네요."
"그런 일이 있었어요?"	"어머나!"
"정말 감동적이네요."	"진심으로요?"
"와우, 정말 인상적이에요!"	"와, 정말 이야기가 흥미로워요!"
"이런 일이 있었군요?"	"와, 놀라워요!"
"와, 이야기가 너무 재밌어요!"	"와, 놀라운 경험이네요!"

피드백을 할 때마다 유독 방어적인 팀원에게 '해결책을 제시해주는 좋은 표현'

01. "이 문제를 해결하기 위해 제안하고 싶은 방법은…"
02. "우리가 이 문제를 극복하는 데 도움이 될 수 있는 방법 중 하나는…"
03. "이러한 상황을 개선하기 위해 제안하고 싶은 몇 가지 방법이 있습니다."
04. "더 나은 결과를 얻기 위해 할 수 있는 몇 가지 조치는 다음과 같습니다."
05. "문제를 해결하기 위해 고려해야 할 몇 가지 대안은 다음과 같습니다."
06. "우리가 이 문제를 해결하는 데 도움이 될 수 있는 몇 가지 전략은 다음과 같습니다."
07. "우리가 개선하는 데 도움이 될 수 있는 몇 가지 대응책은 다음과 같습니다."
08. "우리가 이 문제를 극복하기 위해 시도할 수 있는 몇 가지 방법은 다음과 같습니다."
09. "우리가 원하는 결과를 달성하기 위해 고려해야 할 몇 가지 옵션은 다음과 같습니다."
10. "문제를 해결하기 위해 제안되는 몇 가지 해결책은 다음과 같습니다."
11. "우리가 더 나은 방향으로 나아가기 위해 취할 수 있는 몇 가지 조치는 다음과 같습니다."
12. "우리가 상황을 개선하기 위해 고려할 수 있는 몇 가지 해결책은 다음과 같습니다."
13. "우리가 더 나은 결과를 얻기 위해 시도할 수 있는 몇 가지 대책은 다음과 같습니다."

> **피드백을 할 때마다 유독 방어적인 팀원에게**
> **'개선에 대한 지속적인 관심&응원 표현'**

01. "개선하셨네요! 노력이 정말 놀라워요!"
02. "진짜 대단해요. 말한 것을 지키시네요!"
03. "당신의 발전을 볼 수 있어, 정말 자랑스럽네요."
04. "더 좋은 결과를 얻을 수 있을 것 같아 기대가 되네요!"
05. "계속해서 성장하고 있는 걸 보니 너무 기뻐요."
06. "당신의 노력과 변화가 팀에 큰 도움이 되고 있어요."
07. "당신의 개선이 우리 프로젝트를 더욱 강력하게 만들어 가고 있어요."
08. "우리 팀은 당신이 계속해서 발전하는 모습을 지켜보고 싶어요!"
09. "당신이 이렇게 성장하고 있는 걸 보니 놀랍네요!"
10. "당신의 노력과 개선이 우리 모두에게 영감을 줘요!"
11. "당신의 발전이 우리 팀에 새로운 에너지를 불어넣고 있어요."
12. "당신이 이렇게 성장하고 있는 것을 보니 정말 뿌듯해요!"
13. "당신의 노력에 정말 감사해요, 함께해서 행복해요."
14. "당신이 개선하는 것을 보면 우리 팀이 더욱 강해지는 걸 느껴요."
15. "당신의 개선이 우리의 목표를 달성하는 데 큰 도움이 되고 있어요."
16. "당신이 계속해서 발전하고 있는 모습을 보니 자랑스러워요."
17. "우리 팀은 당신이 더 많은 것을 개선할 수 있다고 믿어요!"
18. "당신이 개선한 것들이 우리 팀 성과에 큰 영향을 미치고 있어요."

2장 – 실전코칭

Chapter 1 : 코칭스킬 1 – 피드백
Chapter 2 : 코칭스킬 2 – 질문
Chapter 3 : 코칭스킬 3 – 경청
Chapter 4 : 코칭스킬 4 – 칭찬&인정
Chapter 5 : 코칭대화 사례

「목표설정」에 관한 질문들

01. 오늘 어떤 이야기를 나눠보고 싶으세요?
02. 어떤 주제에 대해 이야기 나누고 싶으세요?
03. 어떤 것이 고민이신가요?
04. 도움을 받고 싶은 점이 있다면 무엇인가요?
05. 당신이 이루고자 하는 목표가 무엇인가요?
06. 좀 더 구체적으로 들어볼 수 있을까요?
07. 당신이 달성하고 싶은 것은 구체적으로 무엇인가요?
08. 원하는 것을 한 문장으로 정리해 본다면?
09. 당신이 진짜 원하는 것은 무엇인가요?
10. 무엇을 보면 목표가 이루어졌다고 말할 수 있나요?
11. 그 목표가 당신에게 의미하는 바는 무엇인가요?
12. 그 목표가 당신에게 중요한 이유는 무엇인가요?
13. 이 목표를 이루고 나면 어떤 변화를 기대하나요?
14. 이 목표를 달성함으로써 얻게 될 이점은 무엇인가요?
15. 이 목표를 달성함으로써 개인적으로 느끼는 만족도는 어떤가요?
16. 이 목표가 당신의 개인적 가치나 우선순위와 어떻게 부합되나요?

「현실파악」에 관한 질문들

01. 목표와 관련해서 현재 상태는 어떤가요?
02. 현재 당신은 어떤 상황이신가요?
03. (지금의 상태를 한 단어로 말해 본다면?)
04. 현재 당신은 어떻게 하고 계시나요?
05. 지금까지 어떤 고민을 해 보셨나요?
06. 잘 안 되고 있는 것은 무엇인가요?
07. 어떤 시도를 해 보셨나요?
08. 그 시도가 효과가 없었다면 그 이유는 무엇인가요?
09. 다시 해 본다면 어떤 점을 달리 해보시겠어요?
10. 무엇을 간과하고 있나요?
11. 방해가 되고 있는 것들을 3가지만 정리해 본다면?
12. 무엇이 가장 방해가 되고 있나요?
13. 말씀하셨던 목표와 관련해서 당신이 직면한 가장 큰 어려움은?
14. 다른 시각에서 바라보면 무엇이 다르게 느껴지나요?
15. 당신의 강점과 약점은 무엇인가요?
16. 당신에게 주어진 기회는 무엇인가요?
17. 현재 잘 되고 있는 것은 무엇인가요?
18. 지금 상황에서 긍정적인 요소는 무엇인가요?

「대안탐색」에 관한 질문들

01. 목표를 이루기 위한 방법은 무엇일까요?
02. 과거에 비슷한 문제를 해결했던 방법이 있었다면?
03. 이 상황에 적용할 수 있는 부분은 무엇인가요?
04. 다른 사람(당신의 롤모델)은 이 상황에 어떻게 접근할까요?
05. 절대 실패하지 않는다면 어떤 시도를 해 보고 싶은가요?
06. 목표를 달성하는 가장 창의적인 방법은?
07. 한 번도 해 보지 않은 방법 중에 가능성이 있는 방법은 무엇입니까?
08. 꼭 해 보고 싶었는데 주저하고 계시는 방법은 무엇인가요?
09. 생각은 하고 있는데, 실행해 보지 않은 것이 있다면 무엇인가요?
10. 모든 것이 가능하다면 어떤 방법을 써 보고 싶으세요?
11. 각각 방법의 장단점은 무엇입니까?
12. 어느 방법이 가장 중요한 것입니까?
13. 어느 방법이 가장 효과적일까요?
14. 당신이 선호하는 해결 방법은? 그 이유는?
15. 구체적인 실행계획은 무엇입니까?
16. 그것을 달성하기 위해 구체적으로 무엇을 하시겠습니까?
17. 성공을 어떻게 측정하시겠습니까?

「실행의지」에 관한 질문들

01. 방해가 될 수 있는 것은 무엇이 있을까요?
02. 그것을 어떻게 극복하시겠습니까?
03. 계획을 실천하기 위해서 무엇을 더 노력하셔야 합니까?
04. 계획 실천의 우선순위는 무엇인가요?
05. 계획 실천하는데 있어실천하는 데 필요한 준비가 있다면?
06. 목표 달성을 위해 극복해야 할 가장 큰 장애물은?
07. 실행하는 데 있어 어려움(걸림돌)은 무엇입니까?
08. 그 장애물은 어떻게 극복하시겠습니까?
09. 누구의 도움이 필요합니까? / 누가 도와줄 수 있나요?
10. 실행에 필요한 자원이 있다면 무엇인가요?
11. 당신의 자원과 능력을 어떻게 사용해 보고 싶으세요?
12. 지속적으로 동기부여하기 위한 방법은 무엇인가요?
13. 계획을 실천해 나가는 데 있어 중간 점검은 어떻게 체크하면 좋을까요?
14. 언제 시작해 보고 싶으세요?
15. 저는 무엇을 도와드리면 좋을까요?
16. 실행 의지를 스스로 평가해 본다면 10점 만점에 몇 점인가요?
17. 하신다는 것을 제가 어떻게 알 수 있을까요?

| 2장 – 실전코칭 |

Chapter 1 : 코칭스킬 1 – 피드백
Chapter 2 : 코칭스킬 2 – 질문
Chapter 3 : 코칭스킬 3 – 경청
Chapter 4 : 코칭스킬 4 – 칭찬&인정
Chapter 5 : 코칭대화 사례

경청 ①
「제스처와 표정」

01. 미소 짓기 : 미소를 지어 친근함을 표현합니다.

02. 고개 끄덕이기 : 고개를 끄덕여 이해를 표현합니다.

03. 눈 맞추기 : 눈을 마주쳐 집중하고 있음을 보여줍니다.

04. 적극적 자세 : 몸을 상대방 쪽으로 기울입니다.

05. 팔짱 풀기 : 팔짱을 끼지 않고 열린 자세를 유지합니다.

06. 적절한 표정 사용 : 상황에 맞는 표정을 짓습니다.

07. 적극적 손짓 : 손짓을 사용해 설명합니다.

08. 신체 언어 일치 : 말과 신체 언어를 일치시킵니다.

09. 긍정적 제스처 : 긍정적인 제스처를 사용합니다.

10. 놀란 표정 : 놀랄 때 놀란 표정을 짓습니다.

11. 집중한 표정 : 집중한 표정을 유지합니다.

12. 이해한 표정 : 이해했음을 표정으로 표현합니다.

경청 ②
「명확히 하기」

01. 추가 질문 : 더 많은 정보를 얻기 위해 질문을 던집니다.
02. 예시 요청 : 구체적인 예시를 요청합니다.
03. 반복 질문 : 중요한 부분을 다시 질문합니다.
04. 세부 사항 질문 : 세부 사항에 대해 질문합니다.
05. 오해 확인 : 오해가 없도록 다시 확인합니다.
06. 명확한 설명 요청 : 명확한 설명을 요청합니다.
07. 의도 파악 질문 : 상대방의 의도를 파악하기 위해 질문합니다.
08. 핵심 내용 재확인 : 핵심 내용을 재확인합니다.
09. 상황 설명 요청 : 상황에 대해 더 자세히 설명해달라고 요청합니다.
10. 의미 질문 : 상대방 말의 의미를 묻습니다.
11. 명확한 용어 사용 : 명확한 용어로 설명을 요청합니다.
12. 이해 확인 : 이해했는지 확인합니다.
13. 관점 질문 : 상대방의 관점을 묻습니다.
14. 배경 설명 요청 : 배경에 대해 더 설명해달라고 요청합니다.
15. 중요한 사항 재확인 : 중요한 사항을 다시 한번 확인합니다.

경청 ② - 1
「명확히 하기」 예시요청

01. 그 상황에 대해 구체적인 예시를 들어 주시겠어요?
02. 어떤 식으로 문제가 발생했는지 예를 들어 설명해 주실 수 있나요?
03. 그 결정이 어떻게 적용되었는지 예를 들어 볼 수 있을까요?
04. 실제로 어떤 일이 있었는지 구체적인 사례를 말씀해 주시겠어요?
05. 그때 어떤 상황이었는지 예시를 들어 설명해 주세요.
06. 어떤 행동을 하셨는지 예를 들어 주시겠어요?
07. 구체적으로 어떤 영향을 받았는지 예시를 들어 설명해 주실 수 있나요?
08. 어떤 대화가 오갔는지 예를 들어 주시겠어요?
09. 그 문제를 해결한 방법에 대해 예시를 들어 주시겠어요?
10. 그때 어떻게 대처했는지 구체적인 사례를 말씀해 주시겠어요?
11. 어떤 결정을 내리셨는지 예시를 들어 주실 수 있나요?"
12. 그 상황에서 어떤 선택을 하셨는지 예를 들어 설명해 주세요.
13. 그 경험이 어떻게 진행되었는지 구체적인 예시를 말씀해 주시겠어요?

경청 ② – 2
「명확히 하기」 의도 파악

01. 이 말씀을 하신 이유가 무엇인지 좀 더 설명해 주실 수 있나요?
02. 그렇게 생각하신 이유는 무엇인가요?
03. 이 문제를 제기하신 목적이 무엇인가요?
04. 그 결정을 내리게 된 동기가 무엇이었나요?
05. 그 행동을 하신 배경이 궁금합니다. 어떤 이유로 그렇게 하셨나요?
06. 이 의견을 말씀하신 의도가 무엇인지 말씀해 주실 수 있나요?
07. 그 선택을 하게 된 이유가 궁금합니다. 어떤 생각에서 나온 결정인가요?
08. 이 상황에서 어떤 결과를 기대하셨나요?
09. 그 발언을 하신 주된 이유가 무엇인지 알고 싶습니다.
10. 이 행동을 통해 얻고자 하는 것이 무엇인가요?
11. 당신의 목표는 무엇인지 구체적으로 말씀해 주실 수 있나요?
12. 이 문제에 대해 이렇게 생각하시는 이유가 무엇인가요?
13. 이렇게 행동하신 배경에 어떤 이유가 있나요?
14. 그 결정을 내린 목적이 무엇인지 설명해 주실 수 있나요?
15. 이 제안의 주된 목표가 무엇인지 말씀해 주세요.

경청 ② – 3
「명확히 하기」 상대방 말의 의미 확인

01. 말씀하신 의미가 ~라는 뜻인가요?
02. 제가 이해한 바로는 ~입니다. 이게 맞나요?
03. 당신의 말씀을 다시 확인하고 싶은데, ~라는 의미인가요?
04. 이 말씀이 ~라는 의미인지 확인해도 될까요?
05. 말씀하신 바를 제가 올바르게 이해했는지 확인하고 싶습니다. ~라는 뜻인가요?
06. 당신의 말씀을 정확히 이해하기 위해 질문 드립니다. ~라는 의미인가요?
07. 말씀하신 내용을 다시 한 번 확인하고 싶습니다. ~라는 뜻인가요?
08. 당신이 말하고자 하는 바가 ~라는 것인가요?
09. 제가 제대로 이해하고 있는지 확인하고 싶습니다. ~라는 의미인가요?
10. 당신의 말씀을 좀 더 명확히 이해하고 싶습니다. ~라는 뜻인가요?
11. 이 부분이 ~를 의미하는 것인가요?
12. 당신의 말씀을 이해한 대로라면, ~라는 뜻인가요?
13. 말씀하신 바가 ~라는 의미인지 확인해도 될까요?
14. 말씀하신 내용을 올바르게 이해하고 있는지 확인하고 싶습니다. ~라는 뜻인가요?

경청 ② – 4
「명확히 하기」 핵심내용 재확인

01. 즉, 당신이 말하는 요점은 ~라는 것이 맞나요?
02. 제가 이해한 바로는 ~입니다. 맞나요?
03. 결론적으로, 당신이 강조하고 싶은 것은 ~인가요?
04. 다시 한번 확인하고 싶은데, 당신의 주장은 ~라는 것이죠?
05. 그러니까, 당신의 주요 관점은 ~라는 것인가요?
06. 제가 올바르게 이해했다면, ~라는 뜻인가요?
07. 당신이 말씀하신 핵심은 ~라는 것이 맞나요?
08. 정확히 말하자면, 당신이 전달하고자 하는 메시지는 ~라는 것이죠?
09. 결국 당신의 의견은 ~라는 것인가요?
10. 요약하자면, 당신의 주장은 ~라는 것이 맞나요?
11. 다시 말해서 당신이 전달하려는 주요 메시지는 ~라는 것이죠?
12. 당신이 하신 말씀을 종합해 보면 ~라는 것이 맞나요?
13. 다시 한번 명확히 하고 싶은데 당신의 의견은 ~라는 것인가요?
14. 제가 이해한 대로라면, 당신이 말하고자 하는 바는 ~라는 것이죠?
15. 결론적으로, 당신이 강조한 점은 ~라는 것이 맞나요?"

경청 ② - 5
「명확히 하기」 상대방의 관점 확인 질문

01. 당신의 관점에서 이 문제를 어떻게 보시나요?
02. 당신이 보시기에 이 상황의 핵심은 무엇인가요?
03. 이 문제에 대해 어떻게 느끼시는지 말씀해 주실 수 있나요?
04. 당신의 입장은 무엇인지 좀 더 구체적으로 말씀해 주시겠어요?
05. 이 상황을 어떻게 이해하고 계신지 알고 싶습니다.
06. 당신이 생각하는 최선의 해결책은 무엇인가요?
07. 이 문제에 대해 어떤 견해를 가지고 계신가요?
08. 당신의 시각에서는 어떤 점이 가장 중요한가요?
09. 이 사안에 대해 어떻게 접근하고 계시는지 설명해 주실 수 있나요?
10. 이 상황에 대해 어떤 의견을 가지고 계신가요?
11. 당신이 중요하게 생각하는 포인트는 무엇인가요?
12. 이 문제에 대한 당신의 생각을 좀 더 자세히 들어볼 수 있을까요?
13. 당신이 보기에 이 상황의 주요 요인은 무엇인가요?
14. 이 상황에서 당신이 느끼는 가장 큰 우려는 무엇인가요?

경청 ② - 6
「명확히 하기」 상대방의 관점 재확인 표현

01. 당신은 이 문제를 ~라는 관점에서 보고 계신다는 거네요!

02. 당신이 강조하신 점은 ~라는 것이군요.

03. 이 상황에서 ~를 중요하게 생각하신다는 말씀이시죠?

04. 당신의 의견은 ~라는 쪽으로 이해했습니다.

05. 당신은 ~라는 점에 중점을 두고 계신다는 거네요!

06. 이 문제에 대해 ~라는 입장을 가지고 계신다는 말씀이네요!

07. 당신의 관점에서 ~가 핵심이라고 보시는군요.

08. 당신은 ~라는 방식으로 접근하고 계신다는 말씀이네요!

09. 제가 이해한 바로는, ~라는 견해를 가지고 계신 것 같아요.

10. 당신은 ~에 대해 깊이 생각하고 계신 것 같아요.

11. 당신의 시각은 ~라는 것으로 이해됩니다.

12. 이 문제에 대해 ~라는 태도를 취하고 계신다는 거네요!

13. 당신이 말씀하신 내용은 ~라는 의미인 거죠?

14. 당신은 이 상황을 ~라는 시각에서 보고 계신다는 말씀이시죠?

2장 – 실전코칭

Chapter 1 : 코칭스킬 1 – 피드백
Chapter 2 : 코칭스킬 2 – 질문
Chapter 3 : 코칭스킬 3 – 경청
Chapter 4 : 코칭스킬 4 – 칭찬&인정
Chapter 5 : 코칭대화 사례

칭찬 & 인정 프로세스

[Action(행동)] 상대방이 한 행동을 최대한 구체적이게 말한다.

[Character(성품)] 행동 이면에 숨겨진 상대방의 성품을 말해준다.

[Effect(결과,영향)] 그 행동이 가져온 결과나 영향을 언급한다.

성품을 알아주는 표현

친절한	배려심이 있는	부지런한	명예를 중요하게 여기는	열정적인
창의적인	유연한	상냥한	남을 잘 존중하는	성실한
끈기있는	자율적인	순발력이 좋은	목적의식이 뚜렷한	공정한
결단력이 있는	너그러운	사람을 잘 믿어주는	균형감이 있는	지혜로운
소신있는	따뜻한	절제력이 있는	친근감이 있는	신중한
예의바른	감사할줄 아는	정리를 잘 하는	진실된	유머감각이 있는
이해심이 좋은	긍정적인	믿음직한	겸손한	도전하는
용기있는	목표가 분명한	마음이 평화로운	점잖은	관찰력이 있는
탁월한	책임감이 있는	헌신적인	규칙적인	포용력이 있는
화합을 잘하는	초연한	정직한	한결같은	통찰력이 있는

칭찬사례

01. **성과 관련**
    - "OO씨, 지난 주에 제출한 보고서에서 시장 분석 부분이 매우 상세하고 정확했습니다. 특히, 경쟁사 분석 부분이 매우 유익했습니다."
    - "OO씨, 지난달 판매 목표를 120% 달성하셨습니다. 특히 신규 고객 유치 부분에서 뛰어난 성과를 보여주셨습니다."
    - "OO씨, 지난 분기 프로젝트에서 예산을 15% 절감하면서도 목표 일정보다 1주일 앞당겨 완료했습니다."
    - "OO씨, 이번 설문조사에서 고객 만족도가 95%로 나타났습니다. 고객 피드백에서 '친절하고 신속한 대응'이라는 부분이 특히 강조되었습니다."

02. **행동 관련**
    - "OO씨, 지난 프로젝트 회의에서 제안한 새로운 마케팅 전략이 매우 창의적이었습니다. 특히, 소셜 미디어를 활용한 부분이 인상적이었습니다."
    - "OO씨, 팀 회의에서 적극적으로 질문하고 토론을 주도하는 모습이 인상적이었습니다. 덕분에 회의가 활발하게 진행되었습니다."
    - "OO씨, 최근 팀원이 어려움을 겪을 때 자발적으로 도움을 주고 멘토링하는 모습이 보기 좋았습니다."
    - "OO씨, 고객사 프레젠테이션에서 명확하고 설득력 있게 설명하셨습니다. 특히, 질의응답 시간에 침착하게 대응하는 모습이 돋보였습니다."

03. 노력 관련

- "OO씨, 최근 고객사와의 협상 과정에서 보여준 열정과 준비가 돋보였습니다. 특히, 미팅 전에 준비한 자료와 시뮬레이션 덕분에 협상이 원활하게 진행되었습니다."
- "OO씨, 최근 업무 자동화 프로젝트에서 새로운 프로그램을 스스로 학습해 적용하신 점이 매우 인상적이었습니다."
- "OO씨, 중요한 기획안 작성을 위해 퇴근 후에도 지속적으로 자료를 조사하고 보완한 점을 높이 평가합니다."
- "OO씨, 고객사의 긴급 요청에 늦은 시간까지 남아 문제를 해결해 주셔서 큰 도움이 되었습니다."

2장 – 실전코칭

Chapter 1 : 코칭스킬 1 – 피드백
Chapter 2 : 코칭스킬 2 – 질문
Chapter 3 : 코칭스킬 3 – 경청
Chapter 4 : 코칭스킬 4 – 칭찬&인정
Chapter 5 : 코칭대화 사례

「자리를 자꾸 비우는 팀원과의 대화」
Before

(팀장과 팀원간 대화 시나리오)

리더: 안녕하세요, OO님. 잠깐 이야기 나눌 시간이 있으신가요?

팀원: 네, 물론입니다.

리더: 최근에 자리를 자꾸 비우시는 것 같아서..

팀원: 아! 죄송합니다.

리더: 뭐라 그런 건 절대 아니고.. 그냥 궁금해서…

팀원: 개인적인 일이 있는데, 제가 알아서 하겠습니다.

리더: 그렇군요? 그럼 알아서 잘 해주세요! 다른 직원들 보는 눈도 있어서…

팀원: 네, 알겠습니다. 주의하겠습니다.

대화가 왜 이렇게 짧을까?

대화를 분석해 보면,

먼저 첫 번째, 대사 '잠깐 이야기 나눌 시간이 있으신가요?' 좋은 접근입니다. 공손하고, 겸손한 느낌이 듭니다.

두 번째, 대사 '최근에 자리를 자꾸 비우시는 것 같아서..' 여기에 치명적인 실수가 존재합니다. '자꾸' 이 단어는 판단언어라고 해서 말하는 사람의 판단이 들어간 단어입니다. 판단언어는 상대로 하여금 받아들이기 쉽지 않아, 고개를 갸우뚱하게 합니다. '자꾸요? 제가요? 그렇게 많이 비운 건 아닌데요.

그리고 제가 할 일은 다 하고 있잖아요!'라는 생각이 순식간에 팀원의 머리속을 채우게 됩니다. 자꾸, 항상, 자주, 여러 번, 늘, 또, 맨날 같은 빈도부사를 사용하는 것을 경계해야 합니다.

처음부터 생각이나 단어들이 일치하지 않게 되면, 팀원은 '꾸중듣는다'는 느낌을 받게 되고, 팀장과의 대화를 경계하게 됩니다. '자꾸'라는 단어가 주는 폐해가 이렇게나 무섭습니다. 대화가 왜 이렇게 빨리 끝났냐에 대한 답이었습니다.

대화의 모든 순간에 주의하시면 심리적으로 안전한 분위기의 대화가 진행됩니다. 다음 페이지를 참고하세요!

「자리를 자꾸 비우는 팀원과의 대화」
After

리더: 안녕하세요, ○○님. 잠깐 이야기 나눌 시간이 있으신가요?

팀원: 네, 물론입니다.

리더: 최근에 제가 인지하기에 자리를 비우시는 것이 예전과 달라서… 무슨 일인지 여쭤봐도 될까요?

팀원: 네, 사실 집에 일이 생겨서 중요한 전화를 받느라 자리를 비우게 되었습니다.

리더: 아, 그렇군요. 집에 일이 생겨서 많이 신경 쓰이시겠어요.

팀원: 네, 가족 중 한 분이 건강이 좋지 않아서 자주 통화로 상태를 확인해야 했어요. 그래서 업무 시간 중에도 급한 전화를 받게 되었습니다.

리더: 걱정되시겠어요. 요즘 그 문제로 많이 스트레스 받으셨겠어요.

팀원: 네, 맞아요. 하지만 이제는 조금 정리가 되어서 전보다는 나아졌어요. 그래도 가끔 중요한 전화를 받아야 해서요.

리더: 그렇군요. 깨끗이 해결될 때까지는 중요한 전화를 받아야 처리가 되니까요!

팀원: 맞아요 팀장님! 이해해 주셔서 감사합니다.

리더: 잘 되면 좋겠네요!

팀원: 네 팀장님! 저도 빨리 해결되어 예전처럼 다시 업무에 몰입하고 싶어요!

리더: 업무 몰입이 마음에 걸리셨군요?

팀원: 네! 눈치도 보이고, 집중도 떨어지고 팀에 피해 주고 싶지 않은데…

리더: 역시 책임감있는 분이시네요.

팀원: 감사합니다.

리더: 전화도 받아야 하고, 업무 몰입해서 팀원들에게 도움도 되려면 어떻게 하면 좋을까요?

팀원: 아, 네. 전화를 받을 시간을 정해두고 그 시간에만 자리를 비우는 것도 좋은 방법일 것 같아요. 그리고 미리 알려드리면 팀에도 도움이 될 것 같아요.

리더: 좋은 생각이에요. 중요한 전화를 받을 시간을 정하고, 미리 팀에 공유해주시면 다 같이 조율할 수 있을 것 같아요. 만약 더 긴급한 일이 생기면 언제든지 저에게 바로 알려주세요. 저도 최대한 도와 드리겠습니다. 이렇게 하면 팀의 일정에도 차질이 없고, OO님도 개인적인 일을 잘 처리할 수 있을 것 같아요.

팀원: 감사합니다. 그렇게 하겠습니다.

리더: 좋습니다. 그럼 다음 주에 한 번 더 만나서 이 방법이 잘 작동하는지 이야기 나눠볼까요?

팀원: 네, 그렇게 하겠습니다.

리더: 감사합니다. 그럼 좋은 하루 보내세요!

팀원: 감사합니다, 팀장님도요.

> ## 「깊게 생각하지 않고 시키는 것만 하는 팀원과의 대화」
> ### Before

팀장: ○○씨, 잠깐 이야기 나눌 수 있을까요? 최근 프로젝트에 대해 이야기를 좀 나누고 싶습니다.

팀원: 네, 팀장님. 말씀하세요.

팀장: ○○씨, 최근 프로젝트에서 주어진 업무를 정확히 수행해준 건 고마운데, 이런 부분이 더 들어가면 좋겠어요!

팀원: 아! 시간이 부족해서요!

팀장: 급하게 부탁한 건 알겠는데, 중요한 부분이 빠져서…!

팀원: 안 그래도, 해야 된다는 건 알았는데, 워낙에 급한 일이 많아서…

팀장: 급하다고 중요한 걸 빼 먹으면 곤란해요!

팀원: 네! 알겠습니다.

팀장: 상무님 보고 들어가야 하니까, 이틀 안에 부탁해요!

팀원: 네! 팀장님!

대화를 분석해 보면, 두 번째 대사 '최근 프로젝트에서 주어진 업무를 정확히 수행해 준 건 고마운데, 이런 부분이 더 들어가면 좋겠어요!'라는 대사에서 대화 성공과 실패가 결정되었습니다. 한 문장에는 한 메시지를 전달하는 것이 좋습니다. 여기에서는, '최근 프로젝트에서 주어진 업무를 정확히 수행해 주셔서 감사해요!'라는 말로 끊었다면 대화가 잘 진행되었을 것입니다.

2개의 메시지가 섞여서 '정확히 수행해줘서 감사하다'라는 의미는 온데간데없고,

'이 부분이 들어 가면 좋겠다'만 전달되어, '팀장인 나는 마음에 안 든다'의 느낌이 팀원에게 박히게 되었습니다. 팀장의 선의는 전달이 안 되고, 수정사항, 고쳐야 할 사항만 전달하게 된 꼴입니다. 인정은 희석하지 말고, 정확하게 한 문장으로 전달했을 때 빛을 발합니다.

그러면 올바른 대화는 어떻게 해야 할까요? 다음 페이지를 참고하세요!

「깊게 생각하지 않고 시키는 것만 하는 팀원과의 대화」
After

팀장: OO씨, 잠깐 이야기 나눌 수 있을까요? 최근 프로젝트에 대해 이야기를 좀 나누고 싶습니다.

팀원: 네, 팀장님. 말씀하세요.

팀장: OO씨, 최근 프로젝트에서 주어진 업무를 정확히 수행해 주셔서 고마워요.

팀원: 감사합니다

팀장: 이런 부분이 좋더라구요!

팀원: 네. 그거 하느라고, 이런 이런 노력을 했습니다.

팀장: 역시.. 생각하며 일하시는 분이시네요!

팀원: 그렇게 말씀해주셔서 감사합니다.

팀장: 혹시 '이런 부분이 더 들어갔으면 좋았겠다' 하는 점이 있을까요?

팀원: 안 그래도 팀장님! 시간만 조금 더 있었으면 이런 이런 부분이 들어가면 좀 더 완성된 느낌을 받을 수 있을 것 같다는 생각을 했어요!

팀장: 좋네요! 그게 들어가면 이런 부분이 보완되고, 의사결정하는데 더 정확한 느낌을 줄 수 있겠네요!

팀원: 네! 팀장님, 바로 그거에요!

팀장: 이렇게 자신있게 이야기 하시는 거 보면, 확신이 있으신 것 같아요

팀원: 네! 팀장님, 그게 들어가야 비로소 완성이 됩니다

팀장: 좋습니다. 시간이 어느 정도 더 필요하세요?

팀원: 2일 정도면 될 것 같습니다!

박팀장: 제가 도와드려야 할 게 있을까요?

팀원: 일단 제가 해 보면서 어려운 게 있으면 말씀드려도 될까요?

팀장: 언제든 환영합니다!

팀원: 감사합니다

> ## 「갑자기 휴직하고 싶다는 팀원과의 대화」
> ### Before

팀원: 팀장님 저 고민 있습니다. 저 이번에 한 1년 정도 휴직하고 싶습니다. 일도 힘들고 집에서 쉬고 싶습니다.

팀장: 집에 무슨 일 있으세요?

팀원: 집에 일이 있다기보다는 좀 일이 하기 싫어져서….

팀장: 집에 누가 아프신 줄 알았는데 지금 이러시면 곤란한데요.

팀원: 그래도 휴직을 쓸 수 있는 건 제 권리이니까 저는 휴직을 하고 싶습니다.

팀장: 그러네요. 그러면 요건은 우리 팀 업무가 있기 때문에 KPI도 있기 때문에 이거를 우리 도희 씨가 하시는 일을 누구랑 같이 나눠가지고 할 수 있는지 한번 다 같이 워크샵을 통해서 방법을 한번 찾아봅시다

팀원: 저는 7월 말에 이제 휴직에 들어가고 싶으니까요. 팀장께서 한 7월 말까지 그 방안들을 마련하셔가지고 저한테 좀 알려주시면 제가 한 3주 전 준비해서 인수 인계 해 드릴게요.

팀장: 일단은 다음 주 이후에 워크샵을 한번 준비를 해서 논의를 한번 해보자고요. 지금 맡고 계신 업무랑 해서 역할 확인해서 구분해 봐요!

팀원: 네 알겠습니다. 아무튼 저는 7월 말에 일단은 들어갑니다. 제가 전화 안 받을 수 있게 잘 부탁드립니다.

「갑자기 휴직하고 싶다는 팀원과의 대화」
After

팀원: 팀장님 저 고민 있습니다. 저 이번에 한 1년 정도 휴직하고 싶습니다. 일도 힘들고 집에서 쉬고 싶습니다.

팀장: 힘들어서 쉼이 필요하시군요?

팀원: 네! 일도 하기 싫고…

팀장: 일 하기 싫을 정도로 에너지가 바닥났다는 말이네요!

팀원: 네! 그래서 휴직을 하고 싶습니다. 또 휴직하는 건 제 권리이기도 하니까요!

팀장: 어떻게든 휴직을 하고 싶으신가봐요!

팀원: 네!

팀장: 워낙에 일을 맡아서 하시는 분이셔서 고민많으셨겠어요! 다른 방법이 없나? 꼭 휴직해야 하나? 이런 고민들 하셨을 것 같은데…어때요?

팀원: 네! 사실은 팀에 인원도 없고, 일은 많은데 막막하기도 한데, 일단 제가 죽을 것 같으니까…

팀장: 맞아요! OO님은 힘들다고 피하는 사람이 아니고 또, '내가 빠졌을 때 팀이 어떻게 될까?'를 미리 염려하고 걱정하는 분이셔서 더 고민되셨을 것 같아요!

팀원: 네.. 지금 하고 있는 일도 겨우겨우 쳐내고 있는데…. 너무 피곤합니다. 죽을 것 같아요!

팀장: 턱 밑까지 차고 올라왔다는 것처럼 들리네요!

팀원: 네!

팀장: 휴직해야겠다 생각하고 마음먹었을 때, 걱정되는 것이 있었을까요?

팀원: 돈이죠! 80%, 50% 나온다고는 하는데,. 어쨌든 100%는 아니고, 한창 돈이 필요할 시기인데… 그게 걱정이죠!

팀장: 혹시 휴직외에 생각해 보신 방안이 있을까요?

팀원: 사실은 일주일 정도 쉬어보는 것도 생각해 봤어요! 너무 에너지가 방전돼서 그런거니 그 정도 쉬면 될 것 같기는 한데…

팀장: 좋네요! 일단 일주일 쉬면서, 자신의 상태를 점검하고 휴직이 진짜 맞는 답인지 확인해 보겠다는 거잖아요!

팀원: 네!

팀장: 그러면, 일단 1주일 휴가내서 쉬면서, 어느 것이 수환님께 진짜 필요한 것인지 고민해 보고, 다시 얘기나누면 어떨까요?

팀원: 좋습니다. 저도 그게 좋을 것 같습니다.

팀장: 좋네요! 지칠만큼 온 에너지를 쏟은지라, 이런 시간이 절대적으로 필요할 것 같아요. 쉬면서 최대한 자신에게 맞는 방안을 강구해 보아요! 감사합니다.

>「회사 사정상 팀원이 원하는 업무를
> 맡게 해주지 못하는 상황에서의 대화」 After

팀장: 안녕하세요, ○○님. 중간평가 리뷰를 시작해볼까요? 이번 기간 동안 어떤 프로젝트나 역할을 하고 싶으신지 이야기해 주실 수 있을까요?

팀원: 네, 저는 **프로젝트에 참여하고 싶습니다. 그 일이 정말 흥미롭고, 제 역량을 발휘할 수 있을 것 같아요.

팀장: 그 프로젝트에 대한 열정이 느껴지네요. 그 역할에 대해 좀 더 구체적으로 이야기해 주시겠어요?

팀원: 그 프로젝트는 이런 이런 것이 포함되는데, 제가 이런 이런 걸 하고 싶고 또 잘 할 수 있거든요!

팀장: 와! 그러면 이렇게 이렇게 기여하실 수 있겠네요!

팀원: 네에! 그래서 그 프로젝트에 꼭 들어가고 싶어요!

팀장: 정말 좋은 생각이에요. ○○님의 열정과 능력을 잘 알고 있고, 그 프로젝트에 참여하면 큰 도움이 될 거라고 생각해요. 고민되는 게 하나 있는데 말씀드려도 될까요?

팀원: 네! 팀장님!

팀장: 지금 회사가 이런 상황이에요. 인력구조가 이렇고, 이런 쪽에 힘을 싣고 있어서 그 프로젝트에 추가 인력 배정이 어려운 상황이에요. 이 문제를 어떻게 접근하면 좋을까요?

팀원: 네, 이해합니다. 그래서 말씀 못 드리고 있었어요!

팀장: 참 세심한 분이시네요. 대신 다른 방법으로 수환님의 열정과 역량을 발휘할 수 있는 기회를 찾는 것은 어떨까요?

팀원: 안 그래도 현재 진행 중인 **프로젝트에서 새로운 스킬이나 방법을 적용해보는 것도 좋을 것 같아서 찾아보긴 했는데 여의치 않아요!

팀장: 벌써 고민해보셨네요. 역시 고민하고 계획하는 분이세요. 역할 부분에서 접근해 보면 어떨까요?

팀원: 그러네요. 이 역할을 부분적으로 맡아보는 것도 하나의 방법일 수 있을 것 같아요. 그렇게 하면 새로운 것을 배울 수 있고, 회사에도 도움이 될 것 같아요.

팀장: 좋습니다. 구체적으로 어떤 부분에서 더 도전해보고 싶은지, 그리고 어떻게 지원할 수 있을지 함께 계획을 세워봅시다. 그리고 회사 사정이 나아지면, **프로젝트에 참여할 수 있도록 우선순위로 고려해볼게요.

팀원: 네, 감사합니다. 그렇게 하면 좋을 것 같아요.

팀장: 훌륭합니다. 그럼 이번 주에 한 번 더 만나서 구체적인 계획을 세워볼까요? 그리고 지속적으로 상황을 업데이트하며, 수환님의 열정을 반영할 수 있도록 노력하겠습니다.

팀원: 네, 감사합니다. 기대됩니다.

> ## 「승진 누락으로 고민을 토로하는 팀원과의 대화」
> ### After

팀원: 팀장님, 저 또 승진에서 누락 됐습니다. 정말 실망스럽고, 제가 뭘 잘못하고 있는지 모르겠어요.

팀장: 그동안 열심히 노력하셨는데 많이 당황스러우실 것 같아요!

팀원: 네, 저는 매일 늦게까지 일하고, 팀 성과에도 기여했다고 생각했는데, 왜 승진이 안 되는지 이해가 안 가요.

팀장: 많이 노력했고, 또 기여도 했다고 생각하는데, 왜 그런가? 이해도 안 되고, 궁금하다는 말이지요?

팀원: 네! 저는 성과도 나쁘지 않았고, 프로젝트도 성공적으로 마무리했는데, 왜 진급이 안 되는지 모르겠어요.

팀장: ○○씨가 성과와 프로젝트에서 좋은 결과를 냈는데 승진이 안 되었다면, 승진에 영향을 미치는 다른 요소들이 있었을까요?

팀원: 잘은 모르겠지만, 아마 리더십 스킬이나 협업 능력 등이 아닐까요?

팀장: 리더십과 협업! 구체적으로 들어볼 수 있을까요?

팀원: 성과를 내기 위해 다른 팀원들에게 좀 밀어붙인 느낌이 있거든요. 그게 아마 임원들 귀에 들어간 건 아닐지…

팀장: 좀 억울할 일이네요!

팀원: 네! 저는 성과를 내려고 한건데… 과정도 중요하긴 한 것 같아요!

팀장: 승진을 위해 강화해야 될 부분을 논의해 보면 좋을 것 같습니다.

팀원: 좋습니다. 어떤 부분을 강화해야 할지 알고 싶어요.

팀장: 우와! 열정적이시네요! 제일 먼저 우리가 해야 할 것은 무엇인가요?

팀원: 우선, 진급 기준에 대해 더 자세히 알아보고, 어떤 부분에서 더 발전할 수 있을지 찾는 것이 중요할 것 같습니다.

팀장: 하나만 예를 들자면?

팀원: 리더십 스킬을 강화하거나, 더 많은 프로젝트를 주도하는 경험을 쌓는 것 등이 도움이 될 수 있습니다.

팀장: 그렇군요. 구체적으로 어떤 리더십 스킬을 강화해야 할까요?

팀원: 팀원들과의 소통 능력, 의사 결정 과정에서의 참여도, 그리고 문제 해결 능력 등이 중요합니다.

팀장: 좋네요! 우리는 어떻게 하면 좋을까요?

팀원: 관련 교육 프로그램에 참여하거나, 멘토링을 통해 실질적인 조언을 받을 수 있을 것입니다.

팀장: 좋습니다. 저는 무엇을 도와드리면 좋을까요?

팀원: 그러면 일단, 제가 승진에 필요한 요소들을 더 알아보고, 다음 주까지 외부 교육프로그램을 확인해 보겠습니다

팀장: 제가 도울 수 있는 부분이 있다면 언제든지 말씀해 주세요. 정기적으로 피드백 세션을 통해 OO씨의 발전 상황을 점검하고, 필요한 지원을 아끼지 않겠습니다.

팀원: 정말 감사합니다, 팀장님. 더 열심히 해서 다음에는 꼭 승진할 수 있도록 하겠습니다.

팀장: 그럼요, OO씨의 열정을 믿습니다. 함께 열심히 해봐요!

소크라테스가 팀장으로 환생한다면?

소크라테스 팀장이 있다고 상상해 보세요. '다른 팀원과 관계가 안 좋은 팀원'과 대화할 때, 소크라테스 팀장은 어떻게 대화를 이끌어갈까요?

팀장: 최근 다른 팀원과의 관계에서 어려움을 느끼고 있는 것 같아요. 이 것에 대해 어떻게 생각하나요?
팀원: 맞아요. 우리가 자주 갈등을 겪고 있어요. 너무 힘들어요.
팀장: 갈등이 생기는 주 원인은 무엇이라 생각하세요?
팀원: 의견 차이가 커서 말이 안 통하는 것 같아요.
팀장: 지금은 어떤 상태인가요?
팀원: 대부분 제가 말을 아끼고 상황을 피하려고 해요.
팀장: 말을 아끼고, 상황을 피하려고 할 때, 관계는 어떻게 변하나요?
팀원: 사실, 상황은 나아지지 않고 오히려 더 멀어지는 것 같아요.
팀장: 그럼 '말을 아끼기'보다는 다른 방식으로 대화해본 적이 있나요?
팀원: 사실, 직접 대화를 시도해본 적은 없어요. 두려운 마음이 커서요.
팀장: 대화를 시도하지 않은 이유는 무엇일까요?
팀원: 갈등이 더 커질까 봐 걱정이 돼서요.
팀장: 갈등을 피하려고 하는 그 마음이 사실 갈등을 더 키우고 있다는 거네요?
팀원: 맞아요, 대화를 피하다 보니 오해가 쌓였고 결국 관계가 더 악화된 것 같아요.
팀장: 그럼 대화를 시작할 때 어떤 방식으로 접근하는 것이 효과적일까요?
팀원: 아마 상대방의 입장을 이해하려는 태도로 대화를 시작해야 할 것 같아요.
팀장: 그렇다면, 그런 방식으로 대화를 시도한다면 상황은 어떻게 바뀔까요?
팀원: 서로를 더 이해할 수 있을 것 같고, 갈등을 해결할 가능성이 커질 것 같아요.
팀장: 좋습니다. 그럼, 그 방식으로 대화를 시도할 첫 걸음은 무엇일까요?

팀원: 상대방의 말을 잘 듣고 나서, 제 생각을 차분하게 표현하는 게 첫 걸음일 것 같아요.

팀장: 그게 좋은 시작이 될 것 같아요. 역시 스스로 깨우치는 분이시네요.

질문은 그 자체로 강력한 리더십 도구입니다. 질문은 단순히 정보를 전달하는 것이 아니라, 대화를 통해 상대방이 스스로 진리를 깨닫게 합니다. 리더가 질문을 던질 때, 그 목적은 팀원들이 자기 스스로 답을 찾고, 행동을 변화시키도록 이끄는 데 있습니다. 따라서, 리더라면 지시와 명령이 아닌 질문을 던져야 합니다.

다음은 몇 가지 예시입니다:

- '팀워크를 강화해야 합니다' 대신 '현재 우리 팀의 협업 상태는 어떤가요?'
- '효율성을 높여야 합니다' 대신 '현재 업무 프로세스에서 가장 비효율적인 부분은 무엇인가요?'
- '우리는 더 많은 고객을 확보해야 합니다' 대신 '현재 우리 고객층은 어떤 특성을 가지고 있으며, 어떻게 새로운 고객을 유치할 수 있을까요?'
- 고객서비스를 향상시켜야 합니다' 대신 '우리의 고객서비스 수준을 고객들이 어떻게 평가하고 있을까요?'
- '우리 제품을 개선해야 합니다' 대신 '현재 우리 제품의 강점과 약점은 무엇이며, 고객의 요구를 반영하기 위해 어떤 개선이 필요할까요?'

리더의 역할은 **"구성원들이 스스로 생각하게 만드는 것"**입니다. 생각하면 움직일 것입니다. 지시에는 반항이 따르고, 질문에는 적극성이 따릅니다. 그래서 묻는 것이 중요한 거죠. 여러분은 무엇을 원하나요? 반항을 원하시나요? 아니면 적극성을 원하시나요? 이제, 그 답을 알았으니 실행에 옮길 차례입니다.

ART&SCIENCE LEADERSHIP_1on1/실전코칭

초판 발행 | 2025년 3월 7일
지은이 | 윤수환
디자인 | 조은영
펴낸곳 | 리더십클라우드
출판등록 | 2025년 1월 15일(제2025-21호)
주소 | 서울시 강남구 영동대로 602, 6층 z116
이메일 | leadershipcloud@naver.com

ISBN | 979-11-991546-1-2

정가 | 20,000원

ⓒ 2025 윤수환

이 책의 저작권은 저자에게 있으며, 무단 복제 및 배포를 금합니다.
잘못된 책은 구입하신 곳에서 바꾸어 드립니다.

 ◀ QR코드를 찍으시면 리더십클라우드에서 운영하는
다양한 채널을 확인하실 수 있습니다.